Political Economy
Kapital to the
Contemporary
Capitalism

ポリティカル・エコノミー
『資本論』から現代へ

一井 昭 [著]

桜井書店

まえがき

　現代資本主義についての理論的・実証的研究は，多面的に拡充されるとともに精緻さをましてはいる。しかし，戦後わが国における経済理論の主流（メイン・ストリーム）の観さえあったマルクス経済学の隆盛は今日では近代経済学のケインズ経済学を経て新古典派経済学となり，マルクス経済学の観点からのテキストブックは少なくなりつつある。1970年代まで，戦後世界政治経済システムをなしてきた「パクス・アメリカーナ」は，金・ドル交換，ドルの主要国との固定為替レートに規定されてきたが71年の金・ドル交換停止に続き73年以降の主要国は変動相場制に移行し，現代資本主義は大きく「変質」した。さらにそれ以降は，「福祉国家」タイプ志向の先進諸国や EU 諸国の一部，反米的立場を強める中南米諸国を除くと，日英米などの経済政策が新自由主義的諸政策にますます傾斜してきているが，その政策を無批判に肯定する理論や風潮は，資本主義の構造と法則についての真理を正しく理解し得るものとは言えず，勤労国民の利益と真っ向から敵対する内容を持つ場合が多い。2008年9月，米投資銀行リーマン・ブラザーズの破綻，続く世界保険大手 AIG への公的資金投入（事実上の政府管理）を契機にサブプライムローン危機から本格的な世界金融危機へ，さらに世界同時恐慌に突入した。日本では，輸出関連巨大企業を筆頭に大量の「派遣切り」・雇用削減の実施によって，国民から資本主義のあり方が問われている。このようなとき，世界の各地では，再びマルクス経済学の見地が再評価され，関心が高まっているように思われる。

　本書はマルクス経済学の立場から，『資本論』のエッセンスの叙述を基礎として，独占資本主義と国家独占資本主義（現代資本主義）の構造と法則を体系的に論述しようと試みたものである。もちろん，旧来の『経済原論』と冠された良書は少なくないが，『資本論』そのものの詳細な研究内容に傾斜しており，現代資本主義を扱うもの，ましてや両者を包括したものはほとんどないように

思われる。したがって，本書は「資本一般の理論」と「独占資本主義の理論」・「国家独占資本主義の理論」を一書で扱おうとするところに第1の特徴がある。

とはいえ，内外の最新の研究成果を十分に活かしたものという自信はない。ともあれ，資本主義に関する私なりのマルクス経済学的理解を示し，併せて大学で担当している講義科目「マルクス経済学」と「独占資本主義論」（それ以前の科目「経済原論」が改訂されたもの）の幾分体系的な整理を遅ればせながら果たそうとしたものである。その際，素材としたのは，長年にわたり徐々に改善を試みてきた講義資料（プリント）である。ちなみに1973年度からの私の担当科目名は，「経済原論」から「経済原論B」，そして「経済原論BⅠ・BⅡ」へとカリキュラム改革ごとに変化し，現在は「マルクス経済学」と「独占資本主義論」となっている。講義資料も体系性を示す基調はほぼ一貫したものであった。とはいえ，本書はその内容に精粗があり，完成されたものというよりも，なお「試作品」というべきものである。とりわけ，若い学生諸君の理解にとって有益だと思われる叙述の簡潔さや平易さに心がけたつもりである。この簡潔さと平易さが本書の第2の特徴である。さらに，高度な研究への道標や論争・異説に関してはそれぞれの関連箇所に付した注（＊）を参照してほしい。

さらに，本書の構成に簡単に触れておこう。内容は，第Ⅰ部「資本一般の理論」，第Ⅱ部「独占資本主義の理論」，第Ⅲ部「国家独占資本主義の理論」から構成されており，それらに先だって全体を貫く基礎概念，ならびに研究対象と方法論を設けた。

2009年3月

一 井　昭

凡例

　マルクスの著作等からの引用については，現在も日本で広く用いられている著作等の邦訳名称とし，多数の邦訳書が *MEW*（マルクス゠エンゲルス著作集）の原書頁を（　）内に示しているので，本書では原書頁を示すにとどめたが，それらの箇所は邦訳書で容易にみつけられるであろう。ただし，新 *MEGA* 版の普及が考慮されねばならないと考え，その原書頁も併記した。また，次の一，二の新 *MEGA* 版の原表題は，前者については Ⅱ/1.1 と Ⅱ/2 に収められた *Manuskripte 1857/1858 Teil1* と *Manuskripte Schriften 1858-1861* のなかにあり，後者については Ⅱ/3.3 に収められた *Manuskript 1861-1863* であり，それぞれ邦訳書『マルクス資本論草稿集』では1，3，6各巻（大月書店）に分散しているので，留意してほしい。

一　『経済学批判』（「序言」と「序説」を含む）は，*Kr* と略称し，*MEW* 版の原書頁，新 *MEGA* 版の原書頁の順に記した。

二　『剰余価値学説史』は，*Mw* と略称し，*MEW* 版の原書頁，新 *MEGA* 版の原書頁の順に記した。

三　『資本論』第一部は，*KⅠ* と略称し，*MEW* 版の原書頁，新 *MEGA* 版の原書頁の順に記した。

四　他の出典等については，該当する箇所でそれぞれ示した。

五　再生産表式や生産価格の形成などにおける記号は，原文の小文字を大文字に変更した。

六　［　］内は著者の補足を表している。

七　囲み（Box）や休憩室（Column）などを適宜使用した。

目次

まえがき……………3

凡例……………5

第Ⅰ部
資本一般の理論……………13
Theory of Caipal in General

1. はじめに──基礎概念……………15

 [序論]マルクス経済学の研究対象と研究・叙述の方法

 《研究対象》

2. 社会的生産様式と「広義の」経済学……………20

3. 資本主義的生産様式と「狭義の」経済学……………21

 《方法》

4. 「下向の途」と「上向の途」とその綜合……………22

5. 論理と歴史との対応関係……………24

6. マルクスの「経済学批判体系」プラン……………26

 ●休憩室 現代資本主義分析のフレームワーク……………29

 [序篇]商品と貨幣

 《商品》

7. 商品の二要因と労働の二重性……………32

8. 商品の価値実体と価値の大きさ……………35

《価値形態》
9. 貨幣の論理的導出……38
　　《貨幣》
10. 貨幣の機能……42
　　《資本》
　　　[第1篇] 資本の直接的生産過程
11. 貨幣の資本への転化……45
12. 労働力商品の特殊性……46
13. 剰余価値の生産……48
14. 労賃……53
　　　●休憩室 現代日本の非正規雇用問題……55
15. 資本の蓄積過程……56
　　　[第2篇] 資本の流通過程
16. 資本の循環と回転……60
17. 社会的総資本の再生産と流通……62
　　　[第3篇] 資本の総過程
18. 諸資本の競争と価値の生産価格への転化……67
19. 利潤率の傾向的低下法則と
　　生産諸力・生産諸関係の矛盾……72
20. 価値法則のモディフィケーション
　　──商業利潤，利子および地代……74
21. 恐慌と景気循環──国家・外国貿易・世界市場……83

第II部
独占資本主義の理論……85
Theory of Monopoly Capitalism

[第1篇] 独占資本主義論の課題と方法

22. 独占資本主義論の理論的課題と歴史的対象……87

[第2篇] 独占資本主義論

23. 資本主義の発展と独占の形成
　　──生産と資本の集積=集中と独占……89

24. 独占資本主義の確立と市場機構の変容……93

25. 独占利潤と独占的生産価格の形成……97

26. 「自由競争」的価格と独占価格との関連……99

27. 独占段階における平均利潤率……102

28. 株式会社制度の普及……104

29. 金融資本の定義……105

30. 資本輸出と古典的帝国主義……107

第III部
国家独占資本主義の理論……109
Theory of State Monopoly Capitalism

31. 資本主義の危機と国家独占資本主義……111

32. 国家独占資本主義の定義……112

33. 国家独占資本主義の機構と政策
　　──機能の全体像の素描……………114

34. 戦後世界政治経済秩序の変遷
　　──「パクス・アメリカーナ」をめぐって……………115

35. 資本輸出の現代的諸形態……………121

36. 国民経済と世界経済……………123

37. 国家独占資本主義の多様性と収斂性……………123

38. 国家独占資本主義の歴史的役割……………129

　　●いまを語る 「サブプライムローン」危機から世界恐慌へ……………130

補論
独占資本主義の理論
　──平瀬・白杉論争とその今日的意義……………137

1. はじめに……………139

2. 論争の概要……………140

3. 平瀬氏の独占理論体系……………147

4. 白杉氏の独占理論体系……………152

5. 独占価格・独占利潤の把握……………158

6. 平瀬・白杉論争の今日的意義……………161

あとがき……………165

事項索引……………167

ポリティカル・エコノミー
『資本論』から現代へ

第 I 部

資本一般の理論
Theory of Caipal in General

　この第 I 部「資本一般の理論」は，本書全体の基礎的理論部分にあたる。歴史的にみれば，イギリスの産業革命後に確立した資本主義は，1825年以降19世紀の半ばころまで周期的な経済的危機(Economic Crisis, 恐慌)を繰り返しつつ，したがってその経済的危機が政治的・社会的危機に見舞われながらも，その克服の都度，生産力を発展させてきた。このような資本主義の歴史的段階は，「産業資本主義」あるいは「資本主義の自由競争段階」と呼ばれている。この段階における資本=賃労働関係は，封建制社会の支配階級の物質的基盤たる土地所有を多かれ少なかれ随伴させつつ，基本的な階級関係を形成した。いわゆる3大階級からなる社会の確立である。

　このような資本主義的生産関係をもつ近代社会を理論的に解明しようとしたのが，いわゆる「古典派経済学」であり，その批判的発展を目指したカール・マルクスの『資本論』体系(『資本論』全三部のみならず『経済学批判』や『剰余価値学説史』などを含む)だと位置づけられる。

　したがって，この第 I 部の中心をなすのは，『資本論』体系の概説である。

1. はじめに――基礎概念

『資本論』体系の内容（具体的にはのちの《序篇》以下）に先立って，それらの論述の理解に有益だと考えられる基礎概念の説明から叙述を始めることとする。

1.1　経済学の系譜（Political Economy と Economics）

その第1点は，経済理論の発展のなかに占めるマルクス経済学の位置を明らかにすることである。この場合，マルクス経済学とは，カール・マルクスとフリードリヒ・エンゲルスによって明示されることになった経済理論の体系を指している。この簡略化した経済学の系譜でも，次の大きな理論的山脈を理解しておいてほしい。つまり，A《Labour Value Theory と Political Ecomomy》と B《Marginal Revolution と Economics》との区別と関連である。それぞれを以下の囲み*で示しておこう。

A《Labour Value Theory と Political Economy》
重商主義（Mun, T. 1571～1641年，外国貿易によるイングランドの財宝 1662）→重農学派（Quesney, F. 1694～1774年，経済表 1758）→古典派経済学（Smith, A. 1723～90年，諸国民の富 1776／Ricardo, D. 1772～1823年，経済学および課税の原理 1817）→マルクス経済学（Marx, K. 1818～83年，資本論第一部 1867／Engels, F. 1820～95年，反デューリング論 1878）→現代

B《Marginal Revolution と Economics》
古典派経済学（Malthus, T. R. 1766～1834年，人口論 1798→Mill, J. S. 1806～73年，経済学原理 1848）→限界革命（Menger, C. 1840～1921年，国民経済学原理 1871／Jevons, W. S. 1835～82年，経済学原理 1870／

Walras, M. S. L. 1834～1910年, 純粋経済学要論 1874～77) →近代経済学 (Marshall, A. 1842～1924年, 経済学原理 1890／Keynes, J. M. 1883～1946年, 雇用・利子および貨幣の一般理論 1936) →現代

＊代表的な経済学者と主著を紹介したものに，林直道編『経済学名著106選』青木書店，1989年がある。

　ここで，注目すべきは以下の点にある。Aの経済学系譜の系は，何よりも労働（マンでは商業労働，ケネーでは農業労働，そしてスミスによってすべての労働）の成果こそが経済的な富だとみなす点で共通していることにある。そして，自らの学問的体系をポリティカル・エコノミーと称した。これに対してBの経済学系譜の系は，1870年代にのちにみる「商品の二要因」のうちの「使用価値」に着目し効用概念を展開するとともに，その効用概念は社会的な客観的量化原理をもたないにもかかわらず価格に転化させ，限界概念を導入することによって，効用価値説（限界効用逓減の法則や限界効用均等の法則などを定立する総称）によって労働価値説を否定し，技術的手法としての限界原理を打ち立て，予定調和的均衡論的世界を描くことによって，自らの学問的体系をエコノミクスと称したのである（ここで，効用理論史についての若干の文献を挙げておく。「さていよいよ1870年代に至り，ジェヴォンズ，メンガー，ワルラスという3人の経済学者に守られて，効用理論は当時一般に受けいれられていた経済学の中に，遂に自らの座を獲得し始めたのであった。これらの経済学者たちはそれぞれ独立に，おおよその内容については，いや時には細部にわたっても，似かよった立場に到達したのである。」（G. J. スティグラー『効用理論の発展』丸山徹訳，日本経済新聞社，1979年，27頁。）「後の限界効用概念の本質的要素が使用価値体系の中に発見された。」（エミール・カウダー『限界効用理論の歴史』斧田好雄訳，嵯峨野書院，1979年，25頁。）

1.2 マルクス主義の3つの源泉と3つの構成部分

このようなマルクスの経済学は，B. I. レーニンによって，次のようにかなり好意的に広くマルクス主義の重要なひとつの構成部分として位置づけられ，紹介されたのである*。

マルクス主義の3つの源泉と3つの構成部分（レーニン，1913年）

マルクスの学説	源泉	構成部分
「19世紀，人類が創出した最良のものの正統の継承者」	ドイツ古典派哲学—唯物論・弁証法	→唯物弁証法（唯物論的歴史観）
	イギリス古典派経済学—労働価値説	→投下労働価値論の徹底（剰余価値）
	フランス空想的社会主義—社会主義	→変革主体の発見（科学的社会主義）

＊B. I. レーニン「マルクス主義の3つの源泉と3つの構成部分」，邦訳『レーニン全集』第19巻，大月書店，1956年，3-9頁参照。

この論文のなかで，周知のようにレーニンは，マルクスの学説が「19世紀，人類が創出した最良のものの正統な継承者」だと位置づけたが，その源泉を(1)ドイツ古典派哲学（フォイエルバッハの唯物論，ヘーゲルの弁証法），(2)イギリス古典派経済学（アダム・スミスの『諸国民の富』，デイヴィド・リカードの『経済学および課税の原理』が有名），そして(3)フランス空想的社会主義（サン・シモン，F. M. C. フーリエ，イギリスのロバート・オーウェンなど）に求め，(1)では唯物論と弁証法を綜合し，独自の唯物弁証法（歴史観としては唯物論的歴史観）を，(2)の労働価値説では投下労働価値論を徹底して剰余価値論を，(3)では社会主義を変革主体の発見によって科学的社会主義を，それぞれ創造的に展開した，と述べている。マルクスの学説は，これで完了したわけではなく，その後に残された課題も少なくはない。しかし，レーニンのマルクス評価は簡潔にして，その最大の特徴を記しているように思われる。

ついで，現実の歴史的な社会の発展とその構成はきわめて複綜した姿態をとってきたのであり，独自の究明が求められる。そのことは，例えば日本経済

史などは歴史学の固有の課題でもあることが如実にそのことを証明している。しかしながら，そのことは，いわゆる不可知論を意味するわけではない。マルクスは，西欧を中心とした現実の社会発展史の研究を1840年代の『ドイツ・イデオロギー』ですでに打ち出していたが*，さらに『経済学批判要綱』を経て59年の『経済学批判』の「序言」では，次のような経済的社会構成体の継起的展開の構想を明確にしていた。

> **経済的社会構成体**（ökonomische Gesellschaftsformation）**の継起的展開**
> 「大雑把に言って，経済的社会構成体が進歩していく段階として，アジア的，古代的，封建的，および近代ブルジョア的生産様式をあげることができる。」（「『経済学批判』序言」1859年1月執筆，Kr, S. 9. MEGA, II/2, S. 101.）

*拙稿「マルクス経済学の形成」，宮本義男・菱山泉編『教養の経済学』有斐閣選書，1978年，49-51頁参照。また，『経済学批判要綱』における歴史認識については，拙稿「経済学批判体系の形成」，鶴田満彦ほか編『マルクス主義の経済思想』有斐閣新書，1977年，47-52頁参照。ここでは，経済的社会構成体と社会的生産様式とが，「大雑把に」言えば一致すると述べられているが，正確には経済的社会構成体がより諸国の歴史的な痕跡を残存する限りで「現実の生きた社会」を反映する概念である。したがって，両者が一致するためには経済的社会構成体が支配的生産様式にいわば「純化」されている場合だけであり，それぞれの具体的な国民経済分析のためには副次的生産様式等を包括した豊富化がなされる必要がある。

さらに，マルクスは，一定の社会の内部構造の把握の仕方にも，次のような独自の観点を表明していた*。

> **社会構造の把握**（下部構造と上部構造，社会的意識諸形態）
> 「人間は，その生活の社会的生産において，一定の，必然的な，彼らの意志から独立した諸関係を，つまり彼らの物質的生産諸力の一定の発展段階

> に対応する生産諸関係を，とりむすぶ。この生産諸関係の総体は社会の経済的機構を形づくっており，これが現実の土台となって，その上に，法律的，政治的上部構造が聳え立ち，また，一定の社会的意識諸形態は，この現実の土台に対応している。」(*Kr*, S. 8. *MEGA*, II/2, S. 100.)

＊もちろん，この叙述は「現実の土台」＝下部構造の上部構造に対する第一義的規定性を示すものではあるが，上部構造の下部構造への反作用を否定するものではない。

このようなマルクスの社会構造の把握は，図示すれば，どのように表現できるであろうか。社会構造把握の動態をそもそも静態的な図によって示すことはきわめて困難である。しかも，これをめぐる解釈は，一律のものではない。しかしながら，鳥瞰的に図示することの長所もあろう。その意味で一応，次のような説明図が妥当なものといえるだろう＊。

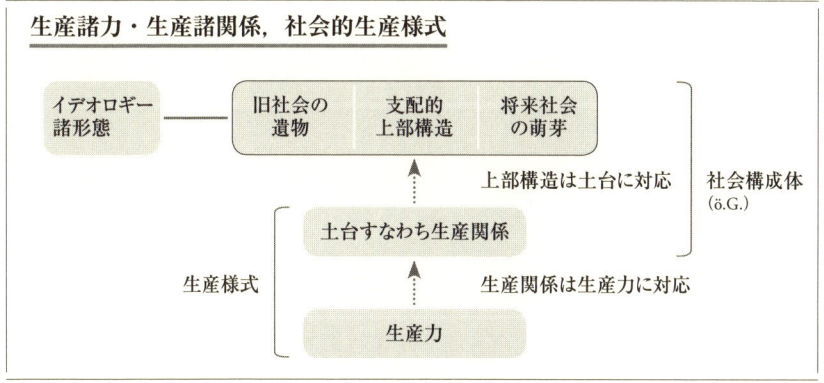

＊鶴田満彦『現代政治経済学の理論』青木書店，1977年，19頁参照。もっとも，一部には修正を施した箇所がある。なお，実践の契機を媒介した図式を示したものに田口富久治・佐々木一郎・加茂利男『政治の科学（改訂新版）』青木書店，1974年，26頁がある。

[序論] マルクス経済学の研究対象と研究・叙述の方法

広く経済現象を研究するといっても、経済学の系譜を振り返ってみてもわかるように、当該の経済学の中心をなす問題関心と理論的蓄積などによって、研究対象とその方法論とは、単に一般化されるものではなく特定化されると言わねばならない。ここでは、マルクス経済学の場合を取り上げてみよう。

《研究対象》

まず最初に強調しておきたいことは、これまで述べてきたように、マルクスは、自らの唯物論的歴史観の成熟に伴って、ある特定の社会的生産様式の構造と法則の解明に向かってきたことに言及してきた。その立場からいえば、人類社会の変遷に応じた特定の研究対象を設定することは、当然のことのように思われよう。そのような観点から、とくにエンゲルスは広く人類社会の社会的生産様式を対象とする「広義の」経済学と資本主義的生産様式を対象とする「狭義の」経済学とを区別した（『反デューリング論』, *NEW*, Bd. 20, S. 139-140, 参照）。

2. 社会的生産様式（≒経済的社会構成体, ö.G.）と「広義の」経済学

人類学の最新の成果は、現世人類（ホモ・サピエンス）というわれわれ人類の直接の祖先が誕生し全世界に伝播し進化したとするアフリカ単一起源説にますます有力な証拠を与えつつあるが、日進月歩の研究領域なので、DNA活用や考古学上の新しい発見や年代測定の精度向上などによって、将来は人類の起源をはじめ、社会的生活の態様がいっそう明らかになることが期待される。そのときには、社会的生産様式の細部に関する学問的な判断は、今日の状況とは多少異なってくるかもしれない。しかし、概略的に言えば、社会的生産様式の変遷による社会の認識は、将来的にも、次のように考えてよいと思われる[*]。

```
社会的生産様式の変遷
① 原始共同体       約16万年前    生産手段の共同所有        低生産力水準
② 奴隷制社会       4000年間  ┐
③ 封建制社会       1200年間  ├ 生産手段の少数者による私的所有
④ 資本主義社会     240年間   ┘                          高生産力水準
⑤ 社会主義社会
（第1段階…生産手段の集団的所有，第2段階…生産手段の共同所有）
```

＊それぞれの社会的生産様式の持続期間については，手嶋正毅編『経済学の基礎』有斐閣双書，1968年，264-265頁，ほかを参照。

　各々のö.G.（経済的社会構成体）には，基軸をなす支配的ウクラード（経済制度）が形成され，そのもとでは，当然支配的生産関係とそれに対応する生産力から成る基本的な社会的生産様式が存在する。ただし，いずれの社会も基本的な（支配的な）社会的生産様式のほかに副次的な生産様式を付随的に伴っている。というのは，経済外的な強制力の行使がない限り，旧来の生産様式を一変させることは困難だからである。したがって，すでにみたように現実の経済的社会的構成体を示すö.G.の方が生きた社会的総体を表現する場合が多い。

　「広義の」経済学とは，複数のö.G.を研究対象として，それらの独自の構造を法則的に明らかにしつつ，それらの移行法則を解明することになる。

3. 資本主義的生産様式と「狭義の」経済学

　さきのエンゲルスのいう「狭義の」経済学とは，マルクスがいう「資本主義的生産様式の内的構造のみを，いわばその理想的平均において叙述する」（『資本論』第三部第7編第48章「三位一体的範式」, *KIII*, S. 839. *MEGA*, II/15, S. 805.）ことを

意味し，またのちにみる「資本一般」の範囲を叙述するといってよく，まさしくマルクスが『資本論』体系として明らかにしようとした固有の研究対象といえよう。

《**方法**》

　次に，研究対象と緊密な関係をもつ研究の方法と叙述の方法について，マルクス自身が述べていることを紹介しておこう。確定稿ではないとして，マルクスその人の言明を軽視ないし無視する傾向がなお跡を絶たないがゆえに，とくに以下のマルクスの方法的観点を強調しておきたい。第1の方法は「下向の途」と「上向の途」とその綜合であり，第2の方法は論理と歴史との対応関係である*。

　＊もちろん，この二つの方法以外でもマルクスの指摘には重要なものがある。これらの詳細については，次の文献を参照されたい。久留間鮫造編『原典対訳　マルクス経済学レキシコン・2（方法Ⅰ）』および同『3（方法Ⅱ）』大月書店，1969年。

4.「下向の途」と「上向の途」とその綜合

　学問＝科学一般は研究対象領域が自然現象や社会現象の違いはあるものの，分析過程と演繹過程を統一している点は方法論的に共通である。経済学の方法もまた社会科学の一分野であり，その限りでは社会的現象を扱う科学的分析過程と論理的演繹過程の綜合である。

　ところが，社会的諸現象を分析して概念的に把握する研究過程の段階ごとに，それぞれの経済学の特徴が現れる。また，研究段階および叙述段階でもそうであるが，個々の概念やもっとも基礎的な概念たる範疇の析出については，自然科学に広く認められる実験装置＝「顕微鏡や試薬」が役立たない。社会科学の場合には，思惟の働きを借りねばならないからである。経済学の方法の第1点は，したがって，「下向の途」と「上向の途」とその綜合である。マルクスは，

『経済学批判』「序説」3「経済学の方法」のなかで，次のように述べている。

> **「下向の途」と「上向の途」**
>
> 「ある与えられた国を経済学的に考察するときには，われわれは，その国の人口，その人口の諸階級への，都市，農村，海洋への，さまざまな生産部門への配分，輸出と輸入，年々の生産と消費，商品価格等々から始める。／現実的で具体的なものから，現実的前提から始めること，したがってたとえば経済学では，社会的生産行為全体の基礎であり主体である人口から始めることは，正しいことのようにみえる。しかしこれは，もっと立ち入って考察すると，間違い《であること》がわかる。人口は，たとえばそれを成り立たせている諸階級を除いてしまえば，ひとつの抽象である。これらの階級もまた，その基礎となっている諸要素，たとえば賃労働，資本等々を知らなければ，やはり内容のないひとつの言葉である。賃労働，資本等々は，交換，分業，価格等々を前提する。たとえば資本は，賃労働がなければ，価値，貨幣，価格等々がなければ，なにものでもない。そこで，もし私が人口から始めるとすれば，それは全体の混沌とした表象なのであり，いっそう立ち入って規定することによって，私は分析的に段々とより単純な概念に達するであろう，つまり私は，表象された具体的なものからますます稀薄な abstracta《一般的なもの》に進んでいき，ついには，もっとも単純な諸規定に到達してしまうであろう。そこから，今度は，再び後方への旅が始められるはずで，ついに私は，再び人口に到達するであろう。しかしそれは，今度は，全体の混沌とした表象としての人口ではなくて，多くの規定と関連とをもつ豊富な総体としての人口である。」(「『経済学批判』序説」，Kr, S. 631. MEGA, II/1.1, S. 35-36.)

ここでは，マルクスの独特な方法上の3点に留意しておきたい。第1は「下向の途」(Weg der Absteigung, 英訳版では downwards) であり，第2は「上向の途」(Weg der Aufsteigung, upwards) であり，第3はレーニンの解釈を加味したそれら

「両者の（螺旋的円環運動としての）綜合」という3点をマルクス自身の方法論として正確に理解しておくことの重要性である。これなしには，『資本論』第一部第1章の論理構造と展開が理解され難いであろう。もちろん，マルクス自身が研究の仕方と叙述の仕方との区別について述べている「第2版後記」もその限りで同趣旨である。

「下向の途」と「上向の途」とその綜合
① 「下向の途」…「複雑で具体的かつ混沌とした現象から，単純で抽象的な本質概念への分析的な思惟の歩み」，研究過程では不可欠。
② 「上向の途」…「このもっとも単純かつ抽象的な規定ないし概念から具体的なものへと上向的に論理的演繹過程を歩むこと」，叙述過程での主役。
③ 両者の綜合…正しい科学方法論（叙述過程では，必要に応じて下向的分析を含み，目的規定性を保持することが重要）

（以上については，前掲『教養の経済学』58-59頁を参照のこと。）

---

5. 論理と歴史との対応関係

　マルクス経済学の第2の方法は，「論理と歴史の対応関係」という観点の堅持である。もともと，歴史的産物である資本主義的生産様式の解明にとって，単純かつ形式的な論理の自己展開のみで片づくはずはない。主体である現実の社会が論理展開のさいに，前提として絶えず表象に思い浮かべられていなければならない（*Kr*, S. 633. *MEGA*, II/1.1, S. 37.）ことは，マルクスが重視していたとおり軽視できない観点である。

　「序説」の関連箇所（Cf. *Kr*, S. 632-639. *MEGA*, II/1.1, S. 36-42.）は必ずしも明快ではないが，次のように述べていたと整理できると思われる。(1)単純な範疇

は社会形態の多面的な関連または関係の即自的表現であり，単純なものから複雑なものへの論理の歩みは，現実的な歴史的過程に照応する。(2)しかし経済学的諸範疇を歴史的にそれらが規定的な範疇であった順序で並べるということは実行もできないし誤りだ。(3)むしろ，それらの序列は，それらが近代ブルジョア社会で相互に対してとり結ぶ関係によって規定され，「特定の生産諸関係」＝「資本」の中で再編される。(4)現実のもっとも発展した歴史的組織の構造の解明は，没落した過去の社会形態の洞察と将来社会の予兆の理解へも導く。以上から，マルクスは，ブルジョア社会における相互関係・相互規定のもとではあるにしても，単純な範疇から複雑なそれへの叙述の序列は，歴史的な発展に照応ではなく対応すると考えていた，とみなしうるのである（前掲『教養の経済学』59頁）。

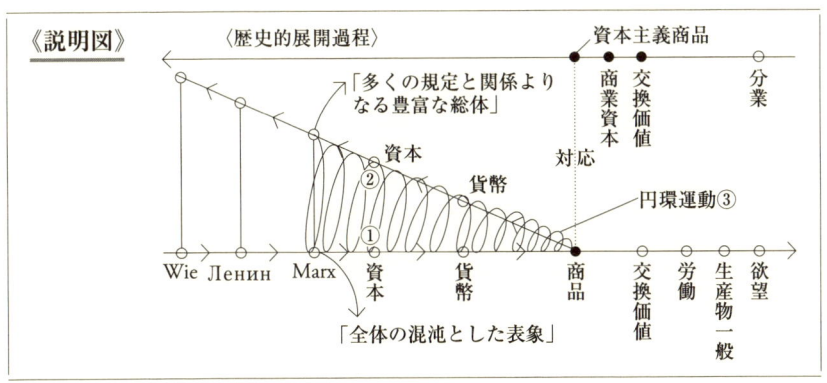

*マルクスの方法的特質とその図式化の先行的な業績は，梯明秀『資本論への私の歩み』現代思潮社，1960年，とくに"「開かれた体系」としての『資本論』"（242-245頁）に認められる。梯氏は，次のように述べている。「マルクスは，近代の経済学が体系的理論を展開しうるための上向的方法を，たしかに『学問的に正しい方法』とよんでいる。しかし，この上向的方法は悟性の立場のものであって，これが真に『学問的に正しい方法』であるためには，ヘーゲルが『学問にとって唯一の真実の方法』とよんだところの，理性の立場における概念的思惟の方法を批判的に継承していなければならぬ。そのかぎりで『資

本論』の上向的叙述をつらぬく概念的思惟もまた，ヘーゲルのそれと同じく，それだけで円環的運動を形成するわけである。」「『資本論』が現実的人間の立場における経験科学としての面を，近代の経済学の伝統において堅持していることからして，その学的体系性は，事実として，理性的な上向的思惟による叙述過程と，下向的な悟性的思惟による研究過程との，綜合統一になる円環的な思惟運動として成立している。」「しかし，このことの理論的基礎づけとしては，その体系的端緒は，たんに対象化された単純商品でなくて，下向のための現実的出発点が，その偶然性を止揚して必然性を内在したものに転化していることが，要請されている。それは具体的には，上向の到達点としての社会的総資本の概念的規定が，下向の出発点において感性的に直観されているという自己矛盾的な論理構造のことであるが，これの要素的形態は，賃労働者がその対象的実在性においては商品であり，この疎外的実在性からの反省においてのみ人間性を回復しうる，という自己矛盾にほかならない。これが『資本論』体系の現実性にして本来的な端緒である。」

6. マルクスの「経済学批判体系」プラン

　マルクスの経済学体系の執筆構想については，いわゆる「プラン問題」としてわが国の学界でも盛んに議論されてきた。執筆計画のうち実際にマルクスによって実現された理論の範囲の確定に役立つとともに，未実現部分がマルクス以後に残された課題だという認識が研究者をその解明に向かわせたからであった。ここで「プラン問題」の詳細を述べる余裕はないが，行論の必要上最小限次の点を確認しておこう。すなわち，①マルクス自身が，1858〜62年頃には，さまざまな箇所で言及している点を中心にまとめたものが，別掲の〈「資本一般」分析と現代経済学体系プラン〉(28頁)である。②したがって，『経済学批判』(*Kr*)は上記Ⅰaの第1章と第2章に相当することは自明であるが，『資本論』体系(*K*Ⅰ, *K*Ⅱ, *K*Ⅲ, *K*Ⅳ―『剰余価値学説史』)が『資本論』第一部以外はエンゲルスほかの編集によって刊行された関係もあるが，その固有の対象領域はⅠ.資本のうちのa)資本一般であり，ⅠからⅢまでの基本的規定を与え，かつ

全Ⅵ部（ただしⅣ.国家を除く）の一定の断片的言及を含むとする「資本一般」説がわが国の学界では有力であった（久留間鮫造，宮崎犀一，藤塚知義，宮本義男の各氏。ただし，いずれの諸氏によっても，マルクスの書簡類〔例えばクーゲルマン宛書簡*など〕の裏づけや『資本論』の構造解釈や留保記述を根拠とした当初プランの「資本一般」の形式・内容が全く変化せずという解釈ではなく，『経済学批判要綱』の検討，リカード地代論を克服した絶対地代論の発見の検討などによって，修正・拡充されてはいるが，マルクスの経済学批判体系の基本性格は「資本一般」だとされている点が重要である）。③しかし，『資本論』第一部刊行以前，1861〜63年執筆とされる『剰余価値学説史』において当初計画が変更されたというソ連ML研究所の見解も登場するが，その「プラン変更」説や「資本一般」説をも批判的に検討した佐藤金三郎氏によって，当初プランの「競争」等の基本規定部分の「資本一般」編入と「特殊研究」への両極分解説の表明もあり，④さらに「前半体系」説（高木幸二郎氏や，『資本論』の論理は「純粋な資本主義」に「純化」すべきとする宇野弘蔵氏もその意味でここに属する）も主張されてきた。現在でも「プラン問題」の決着はついておらず，新 *MEGA* の刊行に期待されるところであるが，やや拡充・修正された「資本一般」説を継承する立場が多いと考えられる。私も基本的には「資本一般」説の立場を採る**。

　　*マルクスのクーゲルマンあて1862年12月28日付書簡では，「これ［『資本論』第一部］は第1分冊［『経済学批判』］の続きですが，『資本』という題で独立に出ます。そして『経済学批判』はただ副題として付くだけです。それはじっさいただ，第1篇の第3章をなすはずだったもの，すなわち『資本一般』（Das Kapital im allgemeinen）を含むだけです。したがって諸資本の競争や信用制度はそれには含まれていません。イギリス人が『経済学の原理』（the principles of political economy）と呼ぶものがこの巻には含まれています。これは（第一の部分とともに）精髄（die Quintessenz）です。そしてそれ以下のことの展開は（社会の種々の経済的構造に対する種々の国家形態の関係などを除けば）すでに提供されたところを基礎にして他の人々によっても容易になされるでしょう」（*MEW*, Bd. 30, S. 639.）と述べている。

**「プラン問題」に関しては，次の文献を参照されたい。

　　久留間鮫造『増補新版 恐慌論研究』大月書店，1965年。

　　宮崎犀一『経済原論の方法』（上・下）未来社，1970年，1972年。

　　宮本義男『「資本論」研究序説』ミネルヴァ書房，1957年。同『資本論研究』大月書店，1958年。

　　藤塚知義『恐慌論体系の研究』日本評論社，1965年。

　　佐藤金三郎『「資本論」研究序説』岩波書店，1992年。高須賀義博編『シンポジウム「資本論」成立史――佐藤金三郎氏を囲んで』新評論，1989年。

　　高木幸二郎『恐慌論体系序説』大月書店，1956年。

　　宇野弘蔵『経済学方法論』東京大学出版会，1962年。

「資本一般」分析と現代経済学体系プラン

マルクスの経済学体系構想
  Ⅰ．資本
　　a）資本一般（当初，第1章「商品」，第2章「貨幣」，第3章「資本一般」）
　　b）競争　　　　　　　　　　　　Kr　　　　　　　$KⅠ$
　　c）信用　　　　　　　　　　　　　　　　　　　　　　$KⅡ$
　　d）株式資本　　　　　　　　　　　　　　　　　　　　$KⅢ$
　　　　　　　　　　　　　　　　　　　　　　　　　　　　Mw
  Ⅱ．土地所有
  Ⅲ．賃労働
  Ⅳ．国家
  Ⅴ．外国貿易
  Ⅵ．世界市場（と恐慌）
　　Ⅰ～Ⅲは「前半体系」，Ⅳ～Ⅵは「後半体系」と呼ばれる。

現代マルクス経済学体系
　　上記の「資本一般」を基礎に，独占資本主義論，国家独占資本主義論を重層的に積み重ねる必要があろう*。

＊このような方法は，ほぼ以下の文献に近い。北原勇・鶴田満彦・本間要一郎編『現代資本主義』有斐閣，2001年，「序」参照。ただし，この「三層」体系と現代資本主義論（ないし「現状分析」）との関連が問題となる。現代資本主義論を明確に4段階目に加える見解（増田壽男氏や長島誠一氏）もあるが，国家独占資本主義論とは別個に現代資本主義論を体系的に説きうるのかどうか，疑問である。もちろん，現代資本主義論ないし「現状分析」論のどの範囲まで，いかにして論理体系として国家独占資本主義論に組み込みうるかについてはやや長期的な歴史的動向を慎重に考慮しなければならない。増田壽男・沢田幸治編『現代経済と経済学（新版）』有斐閣，2007年，10頁参照。長島誠一『現代マルクス経済学』桜井書店，2008年，31頁の注18参照。

●休憩室 **現代資本主義分析のフレームワーク**

　資本主義の現実は，目まぐるしく変貌している。昨年［2007年］の夏以来，露呈してきたサブプライムローン問題は，1970年代半ばの金とドルとの交換停止・変動相場制への移行後活発化した金融派生商品の債務組成の証券化取引破綻の結果ではあるが，2008年の日米欧の実体経済の後退局面への転化に強く影響を及ぼしつつある。格差問題の拡大と併せて，深刻さを増している。他方，中南米諸国の反グローバリズム的地域共同体の前進が注目される。私の現在取り組んでいる研究テーマとこれらは無関係ではない。私は，「独占理論」からスタートしたものであるが，国家独占資本主義論を基底に据え，ケインズ主義型から新自由主義型へと続く戦後の資本主義の史的展開をひとしく「蓄積レジーム」と「福祉レジーム」の結合形態と捉え，他面では「パクス・アメリカーナ」の確立・動揺・衰退の時期区分を多層的に展開する（組み合わせる）ことによって，複雑化しつつある現代資本主義を歴史的・理論的に首尾一貫して把握することができるのではないかと考えている。資本主義の多様化・類型化の試みは，国家独占資本主義の理論的規定のもとでのみ，その分析の成果を打ち出せる，とも思料しているのである。

（拙文「私の研究関心」経済教育学会ニューズレター第9号，2008年，から再録）

［序篇］商品と貨幣

　それでは，いよいよ，マルクスの『資本論』そのものの内容の紹介に移ることにしよう。

　これまでに説明してきた予備的ないし基礎的概念を絶えず想起しながら，しかも上向的な論理的演繹だけでなく，いわば解析的説明が加えられるという部分もあるので，その点にも留意しながら読み進んでほしい。

　『資本論』第一部「資本の直接的生産過程」の第1篇「商品と貨幣」第1章「商品」は，4つの節すなわち「商品の二要因——使用価値と価値（価値の実体，価値の大きさ）」，「商品に表わされる労働の二重性」，「価値形態または交換価値」および「商品の呪物的性格とその秘密」の正確な理解のためには，それらがマルクスの1840年代の「労働疎外論」，50年代の『経済学批判』を発展的に継承するとともに，60年代以降の『資本論』の叙述体系の端緒をなすにいたったものである点をとくに留意しておかねばならない。

　まずは，『資本論』冒頭の文章をどう理解するかという問題を解決しておこう。

《商品》

6.1　『資本論』冒頭文章の解読

　Der Reichthum der Gesellschaften, in welchen kapitalistische Produktionsweise herrscht, erscheint als eine „ungeheure Waarrensammlung", [1] die einzelne Waare als seine Elementarform. Unsere Untersuchung beginnt daher mit der Analyse der Waare.（KI, S. 49. MEGA, II/10, S. 37.）

　資本主義的生産様式が支配的に行われる諸社会の富はひとつの「厖大な商品集積」として現象し，個々の商品はこの富の原基形態として現象する。したがって，われわれの研究は商品の分析をもって始まる。

　上に掲げたのは，周知のように『資本論』劈頭のドイツ語原文と邦訳（従来の各種訳文を参照した合成邦訳）である。資本主義的生産様式は，時空を超えて純粋に誕生してきたのではない。したがって，資本主義社会と総称される場合に

おいても，経済的にみた社会構成体に占める資本主義的生産様式の比重はそれぞれの社会の実状に応じて異ならざるを得ない。しかし，比重の相違を超えて（その濃淡の差を超えて），支配的な生産様式が資本主義のそれであれば，それらの社会は等しく資本主義社会と呼ぶことができる。このような社会の富は，単なる財やサービスではなく，厖大な商品集積として現象している。しかも，このような個々の商品は，マルクスによれば，資本主義社会の富の原基形態（Elementarform）として把握されたのである。

6.2　冒頭商品の性格

したがって，歴史的対象としての冒頭商品は，紛れもない資本主義商品である。しかしながら，論理的な解明はこれから展開される『資本論』に待たねばならない。この意味では論理的な未展開段階にあるという意味で，論理的単純商品という性格を有することもまた自明なことである*。

始元（アルケー）としての商品
(1) 資本主義的生産様式＝生産関係を背後にもつ富の原基形態としての商品（論理的な意味で，資本主義的生産様式の矛盾の萌芽形態）
(2) 現実経済の大量現象としての商品生産・商品交換に根拠

＊レーニン「哲学ノート」，邦訳『レーニン全集』第38巻，1961年，326–330頁参照。

商品の分析に始まる『資本論』第一部第1篇第1章第1節と第2節は，「商品の二要因」を分析的に区分するとともに，「下向的に」追跡することによって，「労働の二重性」を見いだすにいたる。

7. 商品の二要因と労働の二重性

7.1 商品の二要因

「商品の二要因」とは，商品のなかに含まれている使用価値と価値のことである。使用価値とは，人間の何らかの種類の欲望を充たすという物の持つ属性のことであり，とくに商品の消費にあたっては第一義的な重要性をもっている。価値はさしあたりは諸使用価値相互間の交換比率，割合としての交換価値として現象するが，労働の生産力が一定の定着性を帯びるようになり，社会的評価機構＝市場機構が成熟するにともなって，個々の投下労働を社会的労働として評価することが徐々に可能となるであろう。こうして，交換価値は社会的価値＝価値の現象形態として再び規定され直すことができるようになる。

いま，使用価値（物）としての商品の位置を歴史的に整理すると，次のように示すことができよう。

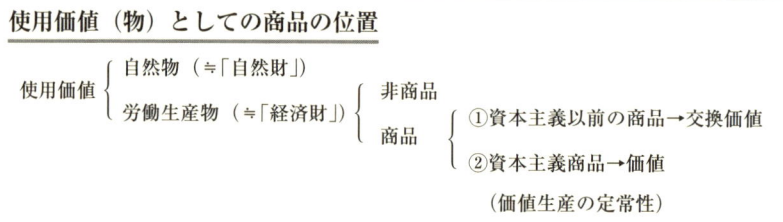

他方，交換価値の価値への論理展開について，マルクスは次のような説明を与えたのである（Cf. *K I*, S. 50–52. *MEGA*, II/10, S. 38–40.）。いま，次図のように，労働生産物 A, B, C, D がそれぞれ x, y, z, a の数量を伴って交換されているとしよう。各労働生産物の交換価値とは，その交換割合のことである。すべての交換関係には各労働生産物の相異なる使用価値が横たわっているが，使用価値は共通者たりえず，いわば「内在的交換価値」をこそ発見しなければならない。それこそ，価値であり，価値には微塵の使用価値も含まれていない。交換価値

とは，実は価値の現象形態だったのである。

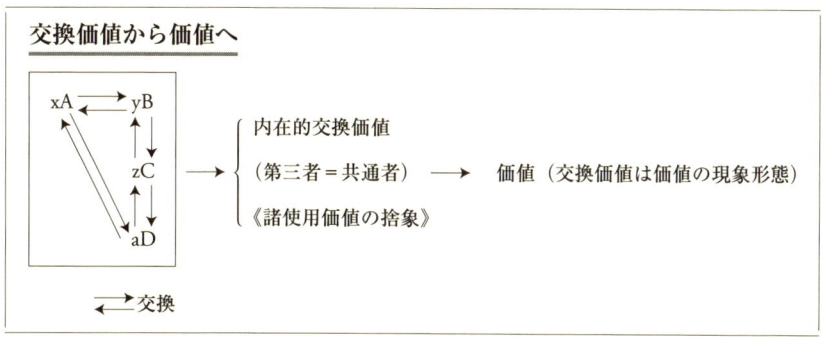

ところで，商品は労働の産物であり，「下向の途」をここで想起すれば容易に理解可能なように，商品分析には労働分析という，より基礎的な過程が横たわっている。そこで，マルクスは，「商品の二要因」に続けて下向分析を行い，「労働の二重性」を発見するのである。

7.2 労働の二重性

「商品の二要因」は使用価値と価値であった。その使用価値を形成するのは，「労働の二側面」に含まれる具体的有用労働（エンゲルスはworkと呼んだもの）なのであり，他方，価値を形成するのは，どのような具体的有用労働にも含まれているともいえるが，具体的有用労働を捨象した（それとは無関係な），抽象的人間労働（エンゲルスはこれをlabourと呼んだもの）である。裁縫労働や大工の労働のような人間労働の具体的で有用な支出形態が具体的有用物を創りだしていることは，まさしくどんな子供でも知っている。他方，抽象的人間労働は，現実にはひとつの労働を人間の頭脳の働きによって区別して認識されることにひとまずは留意すべきであろう。しかし単なる思惟の産物ではなく，社会のなかに量化の原理をもっていることを見逃してはならない。具体的有用労働と抽象的人間労働という「労働の二重性」の発見こそ，マルクスの経済学上の功績のひとつをなしている。論理展開の次元としては，なお単純商品生産

とはいえ，冒頭商品で明確なように対象的実在としての現実の労働は資本主義社会における労働を含意していると解釈すべきだろう*。

  *抽象的人間労働それ自体は，労働の具体的有用形態側面には無関係な人間労働一般の意味である。したがって，それは歴史貫通的性格をもつと考える誤った見解がある。なぜ誤りかといえば，商品が価値生産の定常性＝普及性を有するにいたるのは資本主義的生産様式の支配を待たねばならず，その意味で，抽象的人間労働が経済学上の重要性をもつようになるのは，資本主義社会においてだからである。

したがってマルクスは，第2節冒頭で，次のように記したのである。

「最初に，商品は，二面的な［zwieschlachtig］*ものとして，すなわち使用価値および交換価値として，われわれの前に現れた。のちには，労働もまた，それが価値に表現される限りでは，使用価値の生みの母としての労働に属するのと同じ特徴を，もはやもっていないということが示された。商品に含まれる労働のこの二面的性質は，私によってはじめて批判的に指摘されたものである。」(K I, S. 56. MEGA, II/10, S. 43.)

  *ちなみに，富塚良三『経済原論』有斐閣，1976年，26頁および『経済原論（簡約版）』有斐閣，2007年，26頁には，次のような指摘がある。「この „zwieschlachtig" を長谷部文雄氏は河上肇氏にならって『二者闘争的』と訳されているが，『二面的』ないしは『両面的』とするのが妥当である。schlachtig はSchlacht（闘争）から来たものではなく，Schlachte, Geschlacht（種，種類）から来ているのであって「闘争」という意味はこめられていない（見田石介『資本論の方法』弘文堂刊73-8ページ）。」もちろん，『グリム独語辞典』(Deutsches Worterbuch, von Jacob und Wilhelm Grimm, 33Bde, Deutscher Taschenbuch Verlag, 1854-1971, Munchen.)によっても，見田氏や富塚氏の訳語の理解自体は正しいと判断できる(do. Band 32, S.1164. Fotomechan. Nachdr. 1984.)。ただし，そこでの用法例のなかには，「今日では2種類の異質な泥沼の底深くに隠れ潜んでいるわれわれの組織の根源」，あるいは「食い尽さんとするのと食い尽されたいとするのと，暴力を加えんとするのと暴力に耐えたいとするのとの欲求の両面性」，つまり互いに反する「暴力をふるう側面」と「受ける側面」の「内的統一」の用法を，比喩的にいえば「サドとマゾ」のような「二面性」を

併せ有するものの紹介もある。したがって，用語そのものの誤用を認めたとしても，先行する訳者がやや用法を超えたとみられる解釈上の意図を汲み取ることまで，一概に誤りとは断言できないであろう。別の箇所でのマルクスは，「有用物と価値物とへの労働生産物の分裂」(*KI*, S. 87. *MEGA*, II/10, S. 72.) あるいは「商品を生産するためには，彼は，使用価値を生産するだけでなく，他人のための使用価値を，社会的使用価値を，生産しなければならない。(商品になるためには，生産物は，それが使用価値として役立つ他人の手に，交換を通して移されなければならない。——エンゲルスの挿入)」(*KI*, S. 55. *MEGA*, II/10, S. 43.)，あるいは「商品が商品であるのは，それが二重のもの［自然形態と価値形態という二重形態——引用者］であり，使用対象であると同時に価値の担い手であるからにほかならない。」(*KI*, S. 62. *MEGA*, II/10, S. 49.) と述べており，商品の二要因をいわば歴史貫通的な使用価値と特殊歴史的な価値との統一として明確に述べているからである。

こうして，マルクスは「すべての労働は，一面では，生理学的意味での人間的労働力の支出であり，同等な人間的労働または抽象的人間労働というこの属性において，それは商品価値を形成する。すべての労働は，他面では，特殊な，目的を規定された形態での人間的労働力の支出であり，具体的有用労働というこの属性において，それは使用価値を生産する」(*KI*, S. 61. *MEGA*, II/10, S. 48.) と要約したのである。

8. 商品の価値実体と価値の大きさ

それでは，商品価値の実体は何であり，その大きさは如何に規定しうるのであろうか。まず，商品価値の実体は，さきにみた抽象的人間労働である。「抽象的」といっても現実の具体的なさまざまな労働に等しく含まれている共通のものであった。商品価値の大きさもまた雲をつかむような抽象的なものでは決してない。しかし，それは個々の「裸の」労働時間ではなく，社会的な平均化

という若干の必要な修正が加わったものである。個々の生産条件と労働の質には相違があり、その相違をそのままに計量（＝評価）することは社会的にはできないからである。したがって、商品の価値の大きさは、当該商品の（再）生産に社会的に必要で平均的な労働時間（量）によって規定される。社会的に必要な平均労働時間を得るためには、標準的な(1)生産条件とともに、標準的な(2)労働の質（熟練度、強度）とを前提とする。したがって、後者つまり労働の質が複雑労働であれば何単位かの単純労働に還元して労働時間を計算し直さねばならないということになる。度量単位＝単純労働への複雑労働の還元比率は、「生産者たちの背後でひとつの社会的過程で確定」(*K I*, S. 59. *MEGA*, II/10, S. 46.) される、とマルクスは想定している。したがって、価値の大きさの規定は、厳密な論証済みのことというよりは、むしろ仮説の提示といった方がよいのかもしれない。

　しかしながら、このような商品の価値規定（②③の機能は価値法則）は、資本主義社会のもとでは、①商品交換の基準をなしており、②広範な社会的総資本と総労働の諸生産部門への配分に連結し、したがってまた③労働生産力上昇を促進する役割を果たしていることは否定できないであろう（鶴田満彦、前掲書、32頁参照）。

　以上の「まとめ」の図をここに掲出しておく。

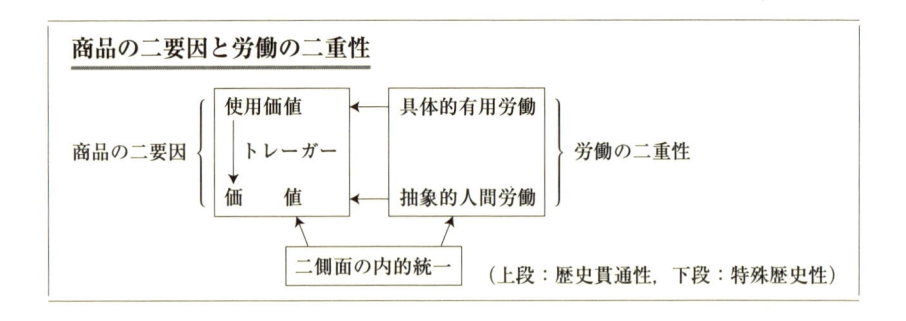

商品の二要因と労働の二重性

商品の二要因 ｛ 使用価値 ← 具体的有用労働 ｝ 労働の二重性
　　　　　　　　トレーガー
　　　　　　　価　値　← 抽象的人間労働
　　　　　二側面の内的統一　　（上段：歴史貫通性、下段：特殊歴史性）

《価値形態》

　これまでは、論理体系（上向の途）の展開に不可欠な商品の下向分析がなさ

れた。そこでは，「諸商品の交換価値または交換関係から出発して，そこに隠されている価値を追跡し」価値の実体を発見し，その量的規定を（ひとつの代表商品の価値量規定を）明確なものとし，併せて資本主義商品にも通じる商品の論理構造も解明されることになった。

ついで，価値形態論では，価値の内容（Inhalt）が表現される形式（Form）が課題とされ，資本主義諸商品間の価値表現の形式展開を，いわば認識論的に上向する＊。つまり事物の認識のためには，内容と形式の両側面から解き明かす必要があるからである。ここでは，価値表現形式のもっとも貧しい段階から「その光まばゆい貨幣形態」にいたるまでを逐次たどり，貨幣もまた特殊な商品に他ならないこと（貨幣の論理的生成）を証明するのである（Cf. *K I*, S. 62. *MEGA*, II／10, S. 49.）。

＊価値形態論における商品所有者の欲望の捨象をめぐる論争（久留間・宇野論争）の詳細には立ち入ることはできない。本書は，価値表現の根拠を左辺商品所有者による右辺商品の使用価値（欲望）に求めないという点で，久留間鮫造『価値形態論と交換過程論』岩波書店，1957年（最近マイケル・シャワティー氏によって本書と『貨幣論』の一部を英訳し，訳者の序文を付した著作が刊行された。Samezo Kuruma translated by E. Michael Schauerte, *Marx's Theory of the Genesis of Money*, Outskirts Press, Inc., Denver, Colorado, 2009.）と尼寺義弘『価値形態論』青木書店，1978年，に基本的には沿うものである。もっとも，尼寺氏のいう見田石介氏のマルクスの方法論理解には，私は納得しているわけではない（拙稿：「［書評］見田石介著『資本論の方法 I・II』」，日本科学者会議編『日本の科学者』第12巻第6号，水曜社，1977年6月，58-60頁参照）。宇野弘蔵氏の見解については『価値論』および「価値形態論の課題」（『宇野弘蔵著作集』第3巻，岩波書店，1973年所収）参照。なお，私のここでの説明は，あくまで貧弱な価値形態からその欠陥を克服したより充実した「光まばゆい」価値形態へという論理的な認識上の上向過程を提示している。

9. 貨幣の論理的導出

9.1 価値形態論

　マルクスが価値形態論で課題としたのは，貨幣の論理的な導出，つまり商品世界のうち，価値が等しい2つの代表商品を任意に抽出したうえで，この価値実体を明示した価値等式を前提に，ここでは，価値表現の形態の［A］最も簡単で単純な，あるいは貧弱な形態から出発して，その価値表現形式の欠陥を徐々に取り除き，［D］貨幣形態に辿りつき，同時に商品（一般）から貨幣（商品）への論理的必然的転化を完成し，もって「貨幣の謎」を明らかにすることであった。

［A］単純な価値形態

　この形態は，価値物としては等しい2つの商品（一商品だけではその価値が他の商品によって表現され得ないので）によって示される，価値の表現形式である。マルクスの事例では，左辺には20エレのリンネル，右辺には1着の上着が置かれる。ここでは，左右両辺の商品をAとB，数量をxとyで表現すれば，次のように簡略化できる。

$$xA = yB$$

さらに，価値表現の両極に名称と役割を与えれば，左辺と右辺のもつ意味は数式のそれと同様であるが，左辺は「相対的価値形態」と呼び，自分の価値を右辺商品Bで表現し，積極的，能動的役割を果たす。これに対して，右辺は「等価形態」と呼び，それ自体が商品Aの価値表現の材料＝価値の鏡という消極的，受動的役割を果たすのである。しかし，この形態［A］の等価形態には，すでに形態［D］の萌芽が示されているとはいえ，任意の一商品が選ばれているにすぎない。商品世界の広がりを論理的に説明するためには，等価形態に立つ商品が商品世界の広がりに応じて，形態［A］における左辺の任意の一商品はそれ以外のあらゆる商品によって表現されねばならない。

［B］展開された価値形態

　この形態は，右辺に立つ等価形態の商品が拡大され，展開されたものである。マルクスの事例では，左辺には20エレのリンネル，右辺には1着の上着，10ポンドの茶，40ポンドのコーヒー，1クォーターの小麦，その他が置かれている。記号で表現すれば，次のように示すことができる。

$$xA \begin{cases} = yB \\ = zC \\ = aD \\ = bE \\ = \text{etc.} \end{cases}$$

　しかし，さきにみたように，左辺に立つ商品はなにもAに固定される論理的必然性はなく，yB→zC→等々というように，左辺商品の逐次的な交替に応じて，無限の価値表現列が生じることになる。したがって，マルクスはこの価値形態の欠陥として，以下の3点を指摘する。

　第1に，商品の相対的価値表現は未完成＝表示の列は未完結であること。第2に，この連鎖は，ばらばらな雑多な価値表現の多彩な寄木細工をなしていること。第3に，①どの商品の相対的価値形態も，他のどの商品の相対的価値形態とも違った無限の価値表現列であるので，［A］形態の諸等式の総計という限界をもっていること。②そのことは，等価形態に反映しており，そこでは人間労働は統一的現象形態をもっていないこと，である（Cf. *K I*, S. 78-79. *MEGA*, II/10, S. 64.）。

　そこで，これら形態［B］の価値表現の欠陥を克服するのが，次の形態［C］である。

［C］一般的価値形態

$$\left.\begin{array}{r} yB = \\ zC = \\ aD = \\ bE = \\ \text{etc.} = \end{array}\right\} xA\;(一般的等価物)$$

　みられるように，形態［C］は形態［B］の左辺と右辺をひっくり返したものである。形態［C］の価値表現では，左辺のあらゆる商品が右辺の等価形態に立つ商品によって単純に（一商品で），かつ統一的に（同一商品で），すなわち一般的に表現されている。したがって，商品Aは一般的等価物となっている。
　ここまで辿れば，形態［D］は，形態［C］と同質であり，ただ商品Aが貴金属＝金に固着したものである。

［D］貨幣形態

$$\left.\begin{array}{r} xA = \\ yB = \\ zC = \\ aD = \\ bE = \\ \text{etc.} = \end{array}\right\} 2\;オンスの金$$

　形態［D］の理解によって，はじめて「貨幣の謎」が「謎」ではなくなり，金こそがあらゆる商品世界から選び抜かれた，あるいは他の一般商品から排除された特定の「貨幣商品」であることが理論的・認識論的に導出されたことを納得できることになろう。さらに，金の一定重量に名称を与えることによって法貨に転じさせ，価格形態を表現することになる（例えば，2オンスの金を2ポンド・スターリングと呼称するなど）。ここから，金の鋳貨形態も誕生するのである。

9.2　商品の呪物的性格とその秘密

　この部分は，第1章第4節に該当する部分である。ここでは，少なくとも，次の3点が重要であろう。第1点は，現象と本質の転倒関係の指摘である。これは，①マルクスの1840年代の研究成果『経済学哲学草稿』における「疎外された労働」論（労働生産物の労働者の所有からの疎外，労働過程からの労働者の疎外，人間が本来有する類的存在からの労働者の疎外，これらの帰結としての人間の人間からの自己疎外）の理論的な継承・発展が示されており，また②『資本論』全体系を貫くフェティシズム論の起点をなす位置にあることである。第2点は，フェティシズム論の構造が商品論の次元ではあるが，階級社会を念頭に置いた主体と客体の転倒状態を指し示しており，第3点は，私的労働の社会的労働への評価機構の問題を含意していることである。

《貨幣》
9.3　交換過程

　マルクスは，ここで，貨幣の現実的必然性（必要性）を，次のように説明する。「初めに行為ありき」（ゲーテ『ファウスト』）を引用して，商品の二要因にかかわって，ある商品の所有者（価値目的）とある商品の非所有者でかつ別の商品の所有者（使用価値目的）とがある商品をめぐる交換過程においては一方が使用価値を求め他方は価値にしか関心がないという使用価値と価値との矛盾を全面的に解決する必要が生じる。しかし，現実の交換過程はこの2つの要請を担っての（$W_1—G—W_2$）という役割が，使用価値物の特殊化としての商品W_1，W_2等々であり，価値物の外化としての貨幣Gの現実的登場だとした。このように，貨幣の現実的登場によって商品交換の矛盾が全面的に解決されるのである。

　こうして，とくに価値形態論と交換過程論を経ることによって，商品論から貨幣論の次元へと必然的な上向（演繹）が成し遂げられていることに注目しておこう。

10. 貨幣の機能

　それでは貨幣は，商品世界のなかでどのような機能を演じているのか。総括的にいえば，貨幣には5つの機能があり，これらはばらばらに機能しているわけではなく，相互に連関し合っている。そのなかで，ここではまず，次の2つの機能から成る［A］本源的な貨幣の機能を説明することにしよう。

10.1　本源的な貨幣の機能

（1）貨幣の価値尺度機能（Maß der Werthe）

　すでに価値形態論で明らかにされたように，労働生産物（商品）相互間の価値等式の右辺の等価形態に立つ商品は，それ自体がもっぱら左辺の相対的価値形態の諸商品の価値の鏡の役割を果たすことによって，価値尺度の機能を担うことが証明された。ここから，貨幣が他の諸商品の価値を尺度するという機能が生じる。また，その条件が左辺諸商品と同様に，右辺商品（貨幣商品）も，労働生産物＝価値等価物であるという根拠に支えられていることを忘れてはならない。この貨幣の価値尺度機能をもとにして，「価格の度量基準」（金の一定重量に，つまり一定の人間労働の凝固物＝価値量に，歴史的には一定の貨幣呼称《法貨…日本では明治政府は金2分＝1円とした》が与えられることになると，価値≠価格にひとつの契機を与えることにもなるが，重要なこととして，この法貨により，貨幣は価格の度量の基準を示すことになる）や「計算貨幣」（補助貨幣＝鋳貨，さらに紙幣の発行によって，それらの貨幣は価値を単にシンボライズする計算貨幣に転化する）の説明が可能となる。

（2）貨幣の流通手段機能（Cirkulationsmittel）

　これは，諸商品の流通を媒介する貨幣のもつ機能であり，ここでは貨幣は流通界に絶えず滞留し続ける。

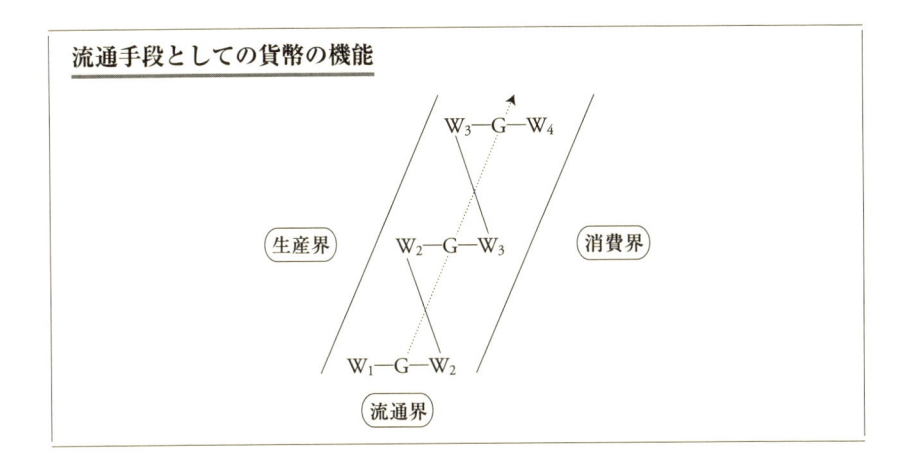

10. 貨幣の機能

流通手段としての貨幣の機能

$$W_3—G—W_4$$
$$W_2—G—W_3$$
$$W_1—G—W_2$$

生産界　消費界　流通界

恐慌の一般的・抽象的可能性

貨幣の流通手段としての機能は，商品の販売過程と購買過程を媒介する機能（$W_1—G\,/\,G—W_2$）であるが，時間的にも場所的にも一致するという保証はない。そこには，販売と購買の時間的・場所的分離の可能性が含まれており，このことが恐慌（経済的危機）の一般的・抽象的可能性と呼ばれる。

流通手段として機能する貨幣の量的規定

$$\frac{諸商品の価格総額}{同名の貨幣片の流通回数} = 流通手段として機能する貨幣量$$

ついで，貨幣の諸機能のうち，[B] 派生的な，貨幣としての貨幣の機能に移る。これら派生的機能は，その名のとおり，前述の [A] 本源的な貨幣の機能から派生したものであり，それと不可分の関係にある。

10.2 派生的な，貨幣としての貨幣の機能

（3）貨幣の貨幣蓄蔵機能（Schatzbildung）

これは，価値そのものを保蔵しようとする人間の選好性に支えられた貨幣の機能であり，上記の(1)と(2)の機能から必然的に派生するが，歴史的には重

金主義政策が追求したこと，さらには現代の資産価値保全（Hoarding）策において実証されてもいる。

同時に，ΣW＝ΣGという流通界に必要な貨幣量を自動的に調節するという意味で，この機能は水量調節のための「貯水池＝ダム」の役割を演ずる。また，資本主義的蓄積過程では，各種の積立金（準備金）の役割を演ずる貨幣形態にも妥当する。

（4）貨幣の支払手段機能（Zahlungsmittel）

流通手段としての貨幣の機能とは異なる支払手段としての貨幣の機能について，マルクスは次のように述べている。

「一方の商品所有者は現存する商品を売るが，他方は貨幣の単なる代表者として，あるいは将来の貨幣の代表者として，買う。売り手は債権者となり，買い手は債務者となる。この場合には，商品の変態，または商品の価値形態の展開が変わるので，貨幣もまたひとつの別の機能を受け取る。それは支払手段になる」（KⅠ, S. 149. MEGA, Ⅱ/10, S. 125.）。

これに先立って『経済学批判』では，次のように述べていた。すなわち，「鋳貨準備金と貨幣蓄蔵とは，非流通手段としてのみ貨幣であった」が，支払手段としての貨幣は，「流通に入る」のである。流通手段としての貨幣は「常に購買手段」であったが，支払手段としての貨幣は「常に非購買手段として働く」のである。そしてまた，「国内流通の内部では，貨幣は観念化され，ただの紙切れが金の代理物として貨幣の機能を果たすのであるが，それと同様に，この同じ過程は，貨幣なり商品なりの単なる代表物として流通に入ってくるところの，つまり将来の貨幣なり商品なりを代表するところの買い手または売り手に，現実の売り手または買い手としての能力を与えるのである」（以上，Kr, S. 115-116. MEGA, Ⅱ/2, S. 199-200.）。つまり，とくに国内商品流通の発展によって，商業手形の登場などW―Ｇ―Wの姿態転換に変化が生じ，契約にもとづく債権・債務関係（商品交換の時間的・場所的分離のいっそうの発展による信用を基盤とする）が展開する。ここでは，Ｇ（商業信用，手形など）―W―G（現実の貨幣による決済）という形態をとるのである。

恐慌のいっそう展開された可能性

　支払手段としての貨幣の機能の登場により，流通手段の場合以上に，決済の規模とタイム・ラグが拡大する。

（5）貨幣の世界貨幣機能（Weltgeld）

　商品流通の国際的な拡大につれて，各国通貨（国民的制服）を超えた世界貨幣として，生身の金（金地金）がその機能・威力を発揮する。「世界貨幣は，一般的支払手段，一般的購買手段，および，富一般（"普遍的富"）の絶対的社会的物質化として機能する」。貴金属（とくに金）の「現物形態」こそ，「国民的統治」を超えた国際経済部面でも認知されうる「価値そのもの」だからである。それゆえ，ジェームス・スチュアートは端的に金銀を世界貨幣（money of the world）と呼んだのである（Cf. KI, S. 156-157, 159. MEGA, II/10, S. 131-133.）。

《資本》

[第1篇]　資本の直接的生産過程

11. 貨幣の資本への転化

11.1　資本の一般的範式

　これまでは，貨幣は商品流通を媒介するという意味で消極的な役割を演じてきた。これをマルクスは「貨幣としての貨幣」と名づけ，$W_1—G—W_2$ の範式で示し，貨幣の窮極の目的が商品の使用価値獲得にあると述べている。これに対して，「資本としての貨幣」は $G—W—G'$ $(G+\Delta G)$ という範式で示すことができ，この貨幣の窮極の目的はいまや価値増殖（ΔG は剰余価値）にあるというのである。同じ貨幣形態でありながら，この両者の決定的相違は「貨幣としての貨幣」の第2項が「資本としての貨幣」の第1項に転換していることである。そこで，何らかの条件の介在によって $W—G$（販売）から $G—W$（購買）への転換の可能性が生じると，同じ貨幣が「貨幣としての貨幣」から

「資本としての貨幣」に転化することになる。その結果，資本の一般的範式 G—W—G′（G+ΔG）に示される事態が確立する*。

> *もっとも，この資本の一般的範式は流通過程を反映する限りでのそれである。また，歴史的には商業資本の範式であるが，短縮形としての高利貸し資本の範式 G—G′ や労働力の商品化を語ることになるすぐ後の産業資本の範式を排除するものではない。

11.2 資本の一般的範式の矛盾

ここでの矛盾とは，範式における ΔG は範式により「流通過程から生まれねばならない」ことと，他方 ΔG は等価交換により「流通過程で生じてはならない」こととの対立を指しているが，次の労働力の商品化によって，この矛盾自体が解決されるのである。

11.3 資本の一般的範式の矛盾の解決──労働力商品の流通過程での発見

すなわち，流通過程（つまり市場）で発見しうる商品で，購買したときの価値とその商品を消費したこと（＝労働）によって新たに獲得される価値とが等価交換原則をみたしつつ，後者よりも前者の価値が小さいという意味で《自己増殖する商品》を見いだすことに成功すればよい。その特殊な商品こそ，労働力（Arbeitskraft）商品に他ならない。

12. 労働力商品の特殊性

12.1 「二重の意味で自由な労働者」の誕生

労働力とは，人間がもっている肉体的・精神的諸労働能力の総体のことである。

その労働力が商品として市場に登場する歴史段階が訪れるのは，資本の本源的蓄積期を待たねばならず，とりわけ産業革命を経て近代市民社会の形成とともに普及していったと考えられる。つまり，労働力の商品化のためには，「二

重の意味で自由な労働者」の誕生（二重の意味での自由とは，①封建制社会以前のような身分的隷属関係から解き放たれた人格的自由をもつ労働者，②しかし，資本家や土地所有者のようには労働者は生産手段をもたず，依然として生産手段の所有から切り離されているという意味である）が不可欠であった。そのことによって，はじめて流通過程での貨幣が商品化された労働力を自由に購買し，生産過程で労働力商品の価値を支払っても剰余価値（利潤の源泉）を合法的に獲得できるという資本主義経済の基本的構図を可能にし得たのである。こうして，貨幣は実質的に資本に転化したといえるのである。

12.2　労働力商品の価値規定

　労働力商品の価値規定は，他の一般的商品と同様に，労働力商品もまたそれを生産ないし再生産するのに必要な社会的労働時間量によって規定される。具体的にいえば，労働力商品が属する家族の再生産のためのすべての生活手段をなしている諸商品やサービスの価値総計によって，いわば迂回的に規定されざるを得ない。他の物質的富（諸商品）と労働力商品の価値との形態上の相違には，十分な注意が必要であろう。また，資本主義の弱点・矛盾でもあるが，資本それ自体が直接，物的に労働力商品（量）を調整したり，再生産したりできないという点に，生身の人間が有する労働力商品の歴史的特殊性がある。

12.3　労働力商品の費用規定（＝価格規定）

　上の労働力の価値規定ではやや抽象的なので，生活手段を軸とした，次の3要因の諸費用に換算したものが労働力商品の費用規定である。①労働者本人と家族の生活維持費（衣食住などの生活必需品の費用，一般的な意味での生計費），②技能＝技術修得と熟練のための費用（労働者の技能＝技術の修得に関する私費負担），③歴史的・社会的な（モラリッシュ）文化生活を保障する費用（映画・演劇・音楽・スポーツなどに関する諸経費）。したがって，資本主義の発展とともに，生産力も発展する度合に応じて，①が意味する従前の生活手段の単位当たり価値は縮小するが，新たな標準的生活手段の品質や物量の

範囲は拡大し，②および③の経費も増大するので，上記 3 要因の費用は概して上昇する傾向にあると想定できよう（ただし，ここでは簡略化のために，価値＝価格と想定する）。なお，戦後の日本では，①を中心に現実の賃金水準があまりにも低いために科学的な「理論生計費」（単身世帯から 4 人世帯までの）を算出し，中期的な賃金引き上げをねらった貴重な資料が作成されたことがある。注目すべき試算であったが，残念なことに，現実が過酷すぎるためか現在は中断しているようである（例えば，春闘共闘委員会・総評調査部編『新「理論生計費」』労働経済社，1974 年を参照）。

13. 剰余価値の生産

13.1 労働過程

マルクスは，歴史貫通的な労働過程と特殊歴史的な剰余価値生産との関係を，次のように記している。まず，労働過程の定義についてである。ここには，労働過程がどんな社会形態にも貫徹していることを明確にしている。

「労働過程は，まず第 1 にどんな特定の社会形態にもかかわりなく考察される必要があり，労働は，さしあたり人間と自然との間の一過程である。この過程で人間は，自分と自然との Stoffwechsel ［素材転換，質量転換，物質代謝］を，自分自身の行為によって，媒介し，規制し，制御する」（*K I*, S. 192. *MEGA*, II/10, S. 161-162.）。そして，労働（過程）の 3 契機に言及するのであるが，それを以下に示しておこう。

```
労働（過程）の3契機
①  労働そのもの…生産的労働…主体
                    A        S
②  労働対象 ┐                ┌・天然に存在するもの
           │                 │・一定の労働が加えられたもの（原材料）
           ├……生産手段…… 客体 ┤
           │      Pm       O │・生産の骨格・筋肉系統＝機械的労働手段
③  労働手段 ┘                 └・生産の脈管系統＝容器・装置
```

これまでの関連基礎概念の「まとめ」を示しておこう。もっとも，このような図式化には強力な反対論もある[*]。

```
社会的生産様式
              ┌ 生産諸力（労働そのもの＋生産手段）
  社会的生産様式┤
              └ 生産諸関係（生産手段の所有関係がその核心）
```

[*]例えば，生産様式概念についての松石勝彦氏の異説である。松石勝彦『「資本論」と産業革命』青木書店，2007年，3-18頁参照。

ついで，労働過程と価値増殖過程との関連はどうであろうか。マルクスは，資本主義的生産過程を労働過程（歴史貫通的性格）と価値増殖過程（特殊歴史的性格）との統一として，明確に述べている。

「労働過程と価値形成過程との統一としては，生産過程は商品のそれである。労働過程と価値増殖過程との統一としては，それは資本主義的生産過程であり，商品生産の資本主義的形態である」（KI, S. 211. $MEGA$, II/10, S. 179.）。

$$G—W \begin{cases} A \\ Pm \end{cases} \cdots P \cdots W'—G'\ (G+\Delta G) \quad \begin{matrix} \text{——流通過程} \\ \text{……流通過程の中断} \end{matrix}$$

なお、マルクスは、価値増殖視点からの資本区分として、不変資本（固定資本と流動資本）＊と可変資本（流動資本）とを挙げている。これらは、現代日本社会でも日常的に用いられる概念と重なるものであり、容易に理解されよう。

不変資本（C）と可変資本（V）

		具体例
不変資本── 固定資本………………		土地、建物、機械的労働手段
流動資本………………		原材料
可変資本── 流動資本………………		労働力
生産過程で自らの価値の大きさを変えるか否かの区分	生産過程等での価値移転期間ないし形状による区分	具体例

＊マルクスは、別の箇所で「固定資本と流動資本という形態規定は、ただ、生産過程で機能する資本価値、すなわち生産資本の回転の相違から生ずるだけである」（*KⅡ*, S. 167. *MEGA*, Ⅱ/13, S. 154.）、「資本の固定的成分の回転は……資本の流動的成分のいくつかの回転を包括している」（*KⅡ*, S. 168. *MEGA*, Ⅱ/13, S. 155.）と述べ、固定資本の再生産期間（周期）を10年、流動資本は1年に5回転するという当時の経験的推計をはじいている（Cf. *KⅡ*, S. 184. *MEGA*, Ⅱ/13, S. 170.）。

さて、前提的な予備知識の説明を終えたので、ようやく、資本主義的生産の核心たる剰余価値生産の方法に叙述を進めることができる。その第1は絶対的剰余価値生産の方法であり、その第2は相対的剰余価値の生産である。資本主義的生産は歴史的には封建制的生産のなかで胚胎し、産業革命を通じて徐々に確立していったのであるから、剰余価値生産も徐々に拡大していったと考えてよい。資本主義的生産の初期から現代にいたるまで、この2つの剰余価値生産は存在し続けており、ここでは剰余価値生産を高める方法を概念的に把握するための便法として資本主義的生産の一定の時期を《標準例》として固定し、剰余価値生産を《標準例》に対比して説明する。つまり《標準例》も、

《当該例》においても時々刻々の労働の瞬時に必要労働と剰余労働が分離することなく行われていることを十分に理解されたい。ここでは，労働の結果としての時間配分を図示したにすぎない。

13.2　絶対的剰余価値

まず，絶対的剰余価値生産の定義は，労働日（1日の労働時間）を外延的に，つまり絶対的に延長することによって，剰余価値生産を高める方法である。したがって，労働日の外延的延長，さらには一部の見解では労働強化[*]を意味することになる。図示すれば，以下のとおりである。

> [*]「労働強化」については，相対的剰余価値生産の方法とする解釈があり，形態上はのちにみるようなVを圧縮しMをその分増大するとも形式のうえでは考えられもするが，ここでは生産力の発展＝技術革新を重視して相対的剰余価値の生産を特徴づける観点から，上記のような解釈はとらない。

《標準例＝端緒をなす社会的基準》
t 期

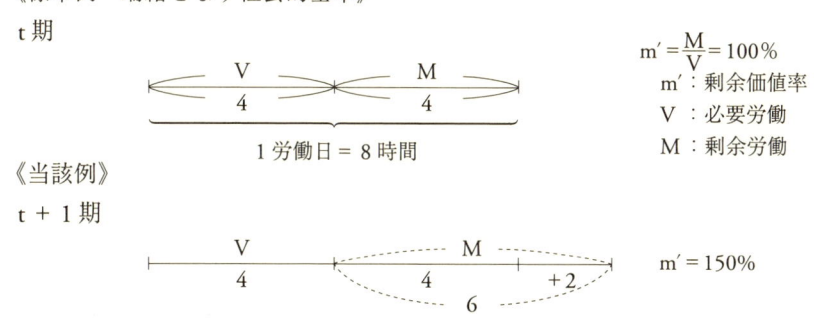

$$\underbrace{\overset{V}{\underset{4}{\;\;\;\;\;\;\;\;}}\;\;\;\overset{M}{\underset{4}{\;\;\;\;\;\;\;\;}}}_{1\,労働日\,=\,8\,時間}$$

$m' = \dfrac{M}{V} = 100\%$
m'：剰余価値率
V：必要労働
M：剰余労働

《当該例》
t＋1 期

$$\overset{V}{\underset{4}{\;\;\;\;\;\;\;\;}}\;\;\;\overset{M}{\underset{\underset{6}{4\;\;\;+2}}{\;\;\;\;\;\;\;\;\;\;\;\;}}$$

$m' = 150\%$

みられるように，マルクスの時代では標準労働日は18時間程度であり，今日では労働基準法など労働法制の規定により独仏の週35～36時間（日本では週40時間）となっている。もっとも，企業が法を遵守しない事態が続出し，非正規雇用形態の新しい展開が横行しており，絶対的剰余価値生産の衝動を資本は絶えず追求している。しかしながら，長期的な標準労働日をめぐる闘争に

ついてマルクスは「標準労働日の制定は，資本家と労働者との何世紀にもわたる闘争の結果」(*KI*, S. 286. *MEGA*, II/10, S. 243.) だとして詳細な歴史的事例を説明し，「労働日は可変的であり，階級的力関係がその長さを決定する」と述べた重みを嚙みしめたい*。

> *ここで，「労働日」のなかで示されたマルクスの有名な一句を掲げておこう。それは，資本の利潤追求の渇望が，労働者の健康や寿命を破壊することを少しも厭わず，それを規制するのは社会の強制が必要だと述べている箇所である。「われ亡きあとに洪水よきたれ！ これが，すべての資本家，すべての資本家国の標語なのである。だから，資本は，労働者の健康や寿命には，社会によって顧慮を強制されない限り，顧慮を払わないのである。……一般的に言って，これもまた個々の資本家の意志の善悪によることではない。自由競争が資本主義的生産の内在的な諸法則を個々の資本家に対しては外的な強制法則として作用させるのである」(*KI*, S. 285-286. *MEGA*, II/10, S.243.)。

13.3　相対的剰余価値

ついで，相対的剰余価値生産の定義は，労働日（1日の労働時間）一定の条件のもとで，新生産方法の導入を通ずるVとMとの相対比率を変化させることによって，剰余価値生産を高める方法である。

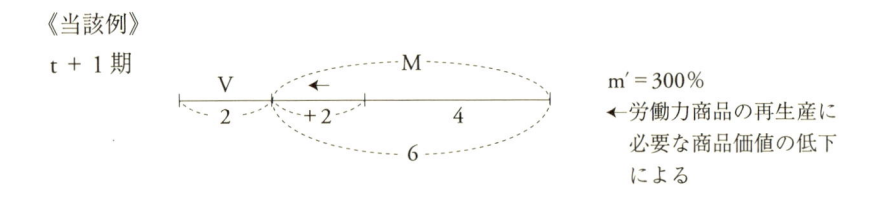

《当該例》
t + 1 期

```
        V         M
    ├───┼──┼─────────┤
      2   +2     4
              6
```

$m' = 300\%$
←労働力商品の再生産に必要な商品価値の低下による

このような相対的剰余価値生産と密接な関係にある特別剰余価値発生・消滅メカニズムとの関連について説明しておこう。

まず，第1点は，個別資本は外的強制法則として他の資本との「競争」に絶えずさらされており，個々の資本が追求するのは社会的平均的な剰余価値水準ではなく特別剰余価値（＝社会的価値−個別的価値）なのであり，それは資

本の内的本性を直截に表現するものである。なぜならば，特別剰余価値の追求こそ，のちに考察する（第3篇参照）市場を媒介にしての特別利潤ないし，超過利潤として実現される前の生産過程次元の利潤の源泉だからである。

第2に，産業資本主義段階の社会的総資本のレヴェルでは，個別資本による特別剰余価値追求の結果はその技術の普及度合に応じて，多かれ少なかれ，相対的剰余価値生産に転化し，転化する度合に応じて個別資本が獲得する特別剰余価値は消滅するという関連にあることがわかる。

マルクスは，相対的剰余価値生産発展の歴史的形態が，①協業，②分業とマニュファクチュア，③機械制大工業（オートマトン＝自動機械体系や，コンビナート形態も含む）と展開したことを述べるとともに，それらの諸形態が支配的資本（論理と歴史の対応という方法論でみた資本が果たす「エーテル」（すなわち，社会システムの編制原理の意。光伝導物質とされたエーテル説の意ではない）の役割を思い起こしてほしい）による再編制を受けるという論理的再構成を示している。この点は，独占資本主義の理論的展開にとって有力な示唆を与えていると考えられる。

さらに「絶対的ならびに相対的剰余価値の生産」では，単なるこれまでの総括的叙述ではなく，まったく新たな論点が提示される。第1は，生産的労働の概念の提示であり，本源的に生産的な労働が資本主義のもとでは剰余価値を生む労働＝狭い意味での生産的労働への転換が起こらざるを得ないという問題が生じることであり，第2は，労働の資本への形式的従属から相対的剰余価値生産の発展につれて労働の資本への実質的従属が深まるという関係の指摘が重要である。

14. 労賃

『資本論』第6篇「労賃」に進もう。ここでは，労賃の本質が労働力商品の価値の貨幣による表現であり，このような理解によって「労働力の価値または価格の労賃への転化」が可能であると述べている。また，労賃のもつ転倒的現

象形態は，労働力のではなく，労働の価値の貨幣的等価，つまり賃金が労働の対価であるとか，労働の報酬・成果なのだという誤った見解を生むことの原因だと指摘している。このような賃金観は資本主義社会の支配的なイデオロギーでもあるが，もはや本書の読者はこのような見解の欺瞞性を見抜かれていることであろう。

14.1　労賃の基本形態

マルクスは「労賃」論固有の具体的な論述を『資本論』（資本一般）の範囲外として留保したのであるが，それでも「労賃」の2大基本形態については，明確に指摘した。

第1は，時間賃金形態であり，これは労働力の価値（V）を単位時間によって分割する方法である。その事例は，時給，日給，週給，月給，年俸等である。

第2は，出来高（個数）賃金形態であり，これは労働力の価値（V）を単位商品（製品）によって分割する方法である。その事例としては，旧来は家内労働や内職，下請け労働等に広くみられた。

14.2　労賃の国民的相違

『資本論』では，すでに第15章で「労働力の価格と剰余価値との量的変動」を労働日の長さ，労働の強度，および労働の生産力との種々の組み合わせとして詳しく述べていたのであるが，第20章「労賃の国民的相違」のなかで，「違った国々については国民的労賃の同時的相違として現れうる」として，諸国民の労賃を比較する場合には労働力の価値の大きさの変動を規定するすべての契機を考量しなければならない。マルクスは，それらの契機を「自然的な，また歴史的に発達した第一次生活必需品の価格と範囲，労働者の養成費，婦人・児童労働の役割，労働の生産性，労働の外延的および内包的な大きさ」（K I, S. 583. MEGA, II/10, S. 500.) だと述べたうえで，次のように，世界市場における価値法則の修正を提示したのである[*]。「労働の中位の強度は国によって違っている。それは，この国ではより大きく，あの国ではより小さい。これらの

種々の国民的平均はひとつの階段をなしており，その度量単位は世界的労働の平均単位である。だから，強度のより大きい国民的労働は，強度のより小さい国民的労働に較べれば，同じ時間により多くの価値を生産するのであって，この価値はより多くの貨幣で表現される」。さらに価値法則は，それが国際的に適用される場合には次のような事情によっても修正される。「世界市場では，より生産的な国民的労働も，そのより生産的な国民が自分の商品の販売価格をその価値まで引き下げることを競争によって強制されない限り，やはり強度のより大きい国民的労働として数えられる」（KⅠ, S. 584. MEGA, Ⅱ/10, S. 501.）

＊世界市場における価値法則の修正をめぐっては，「国際価値論争」として現在も継続されている。これの比較的最新のサーヴェイ論文としては，さし当たり，次を参照されたい。拙稿「再論・国際価値論研究の現状——中川信義氏の近年の見解に寄せて」，『経済学論纂』（中央大学），第45巻第3・4合併号，2005年3月。

> ●休憩室 **現代日本の非正規雇用問題**
>
> なお，付言すれば（国家独占資本主義論の問題でもあるが），現代日本では，多くの不安定非正規雇用形態が顕著となっている。2001年度正規雇用，3640万人。非正規雇用，1359万人。（内訳：パート769万人，アルバイト382万人，派遣175万人，請負その他33万人。）フリーター217万人（03年），ニート（Not in Education, Employment, or Training）は，15～34歳のうち52万人（03年），別に「家事手伝い」を含めその2倍とする調査結果もある。労働者派遣法の1999年の職種制限のない完全自由化以来，就業者全体のなかでの正規雇用者に比較して非正規雇用者の割合が年々増加してきた。最近では，05年の就業者の33％，06年35％，07年は37％となっている。しかも，サブプライム住宅ローン危機が金融危機さらに実体経済に深刻な世界恐慌という展開に拡大し始めた08年9月以降，非正規労働形態である派遣労働者（期間工）の解雇が，とりわけ日本では重要な社会問題となっている。これらの解雇は，「労働者派遣法」すら適用されない労働法制に違反するものが多いが，大企業側の景気対策の安全弁（固定費用

の削減）としての理由に発している。このため，08年年末には一方的に即日解雇され，その日の食と住居すら奪われた者数百人が集結し「年越し派遣村」(08年12月31日～09年1月5日，日比谷公園，村長・NPO法人「自立生活サポートセンター・もやい」湯浅誠事務局長，ボランティア200人) で過ごすという事態が生じており，そのパワーが生命と生活（生存）保障の措置を厚生労働省などに促した（厚労省講堂の開放，ハローワーク業務・生活保護申請事務の休日受付）。いまこそ政治・行政の最低限のセーフティネット措置が求められている。しかも09年3月末までの非正規労働者の解雇予測が政府発表でさえ8万5000人と見込まれている（その後，業界2団体による製造業のみの非正規雇用者の解雇予測は40万人に膨れ上がっている）。巨額化する内部留保には一切手をつけない「企業の社会的責任」とは一体何なのか。

15. 資本の蓄積過程

　資本主義の発展の指標とされる経済成長とは何であろうか。経済成長とは一般的にいえば，資本の投資（再投資）活動の結果，経済規模の拡大を指す。
　経済成長を前提とする資本蓄積の「基本型」は，剰余価値（もちろん，市場を介した形態としては利潤）を元資本に追加的に再転化・充用するタイプをいう。

15.1　単純再生産と拡大再生産

　生産を1回限りのものとしてではなく，継続した状態で捉えるとき，再生産の概念が生まれる。その再生産は，規模の観点から区別すれば，①単純再生産，②拡大再生産，③縮小再生産，の3タイプに分かれる。資本主義的再生産の長期的趨勢は②であるといってよいが，20世紀末以降の先進資本主義諸国は③ないし①の脅威に曝されている。
　ところで，拡大再生産にとっては資本蓄積が不可欠であり，そのためにはV

（必要労働）とM（剰余労働）が未分化な「商品生産の所有法則」から，VとMとが分化する「資本主義的取得法則」への転回が必然となる。

15.2　資本主義的蓄積の一般的法則

マルクスは，資本主義的蓄積がつまり「資本の増加が労働者階級の運命に及ぼす影響」を念頭に置いて，次の3点を資本主義的蓄積の一般的法則として定式化している（Cf. *K* I, S. 640-677. *MEGA*, II/10, S. 549-582.）。

(1) 労働生産力の発展は，資本の有機的構成の高度化を促進する。つまり，充用総資本に占める不変資本部分（主として機械設備）の比重を高める。

(2) そのことは同時に，生産と資本の集積＝集中をもたらし，資本運動は資本そのもの（とくに可変資本）の相対的過剰を創りだす。

(3) そして，資本主義的蓄積は，資本＝賃労働という資本主義社会の基本的生産関係そのものの再生産を意味するとともに，何よりも，一方の極には富の，他方の極には貧困の蓄積（今日的な意味では資産・所得格差）をもたらすのである。

15.3　相対的過剰人口の3大基本形態

さらに，資本主義的蓄積の一般的法則は，資本が必要とする以上の人口（相対的過剰人口）に過酷な試練を与える。マルクスは次のように述べている（第7篇「資本の蓄積過程」第4節参照）。「相対的過剰人口はあらゆる可能な色合をもって実存する。各労働者はなかば就業している期間または全く就業していない期間中は，相対的過剰人口に属する。時には——恐慌期には——急性的に現われ，時には——不況期には——慢性的に現われるというように，産業循環の段階変動によって刻印される周期的に反復される大きい諸形態を別とすれば，相対的過剰人口はつねに3つの形態——流動的，潜在的および停滞的形態を有する」（*K* I, S. 670. *MEGA*, II/10, S. 575.）。したがって，ここでは，景気循環に伴う短期的な相対的過剰人口は除外されている。

第1は，流動的形態である。これは，近代産業の中軸の変化（産業構造の

変化）に伴い一時的に解雇される比較的良質だとされる失業労働力である。
　第2は，潜在的形態である。これは，農村部に滞留している都市部工業労働力の産業予備軍であり，就業中の労働力である。
　第3は，停滞的形態である。これは，国民経済における社会的平均的労働諸条件以下の状態に置かれているすべての現役労働力であり，とくに都市部の中小零細規模の商業・工業従事者に多い。
　これらとは別に，沈殿層がある。これは，資本の力によって，社会の「最下層」の形成を余儀なくさせられている無業者，浮浪者などであり，労働能力を喪失した老齢者，疾病者が含まれていた。
　なお，現代の不安定就業者層も考慮に入れねばならないだろう。これは，日本的系列ないし下請制度（第一次～第三次など），サービス産業の肥大化傾向の影響に加えて，すでにみたパート労働，派遣会社の従業員，フリーター，ワーキングプア，生活保護受給者などの位置づけが必要である。

《いわゆる資本の本源的蓄積》（ursprüngliche Akkumulation des Kapitals）
　資本そのものの歴史的形成過程（資本の前史）をいう。『資本論』における当該箇所の不要を説く見解もあるが，発生主義的方法を重視する本書では，逆に重要な箇所だと考える。中心課題とされる封建制社会から資本主義社会への移行期における原資本の形成は，他面では賃金労働者の出自を明らかにしているからである。ここでは，(1)トマス・モアが『ユートピア』のなかで「羊が人を食い尽くす」と述べたように，「在村農民からの土地の収奪」をはじめ，あらゆる直接生産者（隷農，小農，ヨーマン，都市ギルド・クラフトなど）の生産手段からの剥奪＝分離過程が含まれているのであり，さきにみた「二重の意味」での自由な労働者の歴史的形成過程なのである。(2)同時にその過程で原資本が形成される（大きくは「資本家的借地農業者」と「産業資本家」形成という2大コース）ことになるが，そこでの国家の役割もまた重要であり，『資本論』では17世紀末の主として英国を歴史的素材とした①植民制度，②国債制度，③近代的租

税制度，④保護貿易制度，がとくに詳述されている。とりわけ，賃金労働者の形成にとって「血の立法」が演じた役割は，下に掲げたように「牧歌的」資本主義の幻想を打ち砕くに十分なものであろう*。さらに，第7節「資本主義的蓄積の歴史的傾向」には資本主義の歴史的過渡期性を強調し，「資本主義的私有も，自分の労働に基づく個人的な私有の第1の否定である。しかし，資本主義的生産は，ひとつの自然過程の必然性をもって，それ自身の否定を生みだす。それは否定の否定である。この否定は私有を再建しはしないが，資本主義時代の成果を基礎とする個人的所有をつくりだす。／今度は民衆による少数の横領者の収奪が行われる［直前のパラグラフでは「収奪者が収奪される」の一文がある］」(KI, S. 791. MEGA, II/10, S. 685.) と述べているのである。

* 『資本論』第一部第7篇「資本の蓄積過程」第24章「いわゆる本源的蓄積」第3節「15世紀末以来の被収奪者に対する流血的立法。労賃引き下げのための諸条例」(KI, S. 761-770. MEGA, II/10, S. 659-666.) には，きわめて凄惨な労働者の誕生史が描かれている。
「今日の労働者階級の祖先は，さしあたり，彼らの余儀ない浮浪民化や窮民化を懲罰されたのである。立法は彼らを『自由意志による』犯罪者として取り扱って，もはや実存しない旧諸関係のもとで労働を続けるか否かが彼らの善意にかかわるものと想定した」(KI, S. 762. MEGA, II/10, S. 659.) とマルクスは述べたあと，イギリスではこうした立法は，ヘンリー7世の治下で始まり，アン女王治下まで続いたとしている。奴隷制度のような事例のみをピックアップしておけば次のとおりである。ヘンリー8世の1530年の条例，続く第27年の条例（前条例が反復され，新たに浮浪罪で再度捕らえられると鞭打ちが繰り返されて耳を半分切り取られるが，3犯になると死刑），エドワード6世の1547年の条例（労働を拒む者は，告発人の奴隷となる。その奴隷が逃亡14日に及べば終身奴隷の宣告を受けて，額または背にSの字を烙印され，3度逃亡すれば死刑。放浪者は3日間で胸にVの字を烙印。浮浪民が虚偽の出生地を申告すれば終身奴隷とされ，Sの字を烙印），エリザベスの1572年の条例（免許のない14歳以上の乞食は，2年間使用するひとがなければ烈しく鞭打ち，左の耳朶に烙印。3犯の場合は死刑），ジェームス1世治下（矯正の

見込みのない危険な放浪者は右肩にRの字を烙印されて強制労働を課され，再度乞食中を捕らえられると容赦なく死刑）。ただし，18世紀の初期まで有効だったこれらの法規は，アン女王治下第12年の条例第23号によって初めて廃止された。

[第2篇]　資本の流通過程

　これまでは，資本の直接的生産過程を考察してきた。資本の運動過程はいうまでもなく生産過程と流通過程からなっている。そこで，次に資本の流通過程に進むことになる。

16. 資本の循環と回転

　個々の資本運動は次々に貨幣資本，生産資本，商品資本という形態を脱ぎ捨てては新たに身にまとう形態をとるという意味で資本の3姿態と名づけることができる。他方，各姿態をとる資本は絶えず繰り返し出発点に回帰する。これを資本の循環という。また，資本の循環が個々別々な過程としてではなく周期的な時間的な循環過程として考察されるとき，それは資本の回転と呼ばれる (Cf. KII, S. 353. MEGA, II/13, S.327.) ことになる。

16.1　資本の3姿態とそれぞれの循環定式の特徴

　いま，資本の運動を資本の3姿態（種類）として捉えることにしよう。そうすれば，それらの各資本循環の定式化を行うことができる。そして，これらの各資本循環は経済活動領域のどこに特徴を見いだすことができるかということも理解可能となる。各資本循環の定式化は，マルクス以前の経済学説の端的な特徴づけにもなるので，その点も含めて整理したものが次の表である*。

資本	資本循環とその定式		特徴	学説の根拠
① 貨幣資本	貨幣資本循環	G ……G′	剰余価値（利潤）	重商主義
② 生産資本	生産資本循環	P ……P	再生産	古典派経済学
③ 商品資本	商品資本循環	W′……W′	国民経済	重農学派

＊Cf. *KⅡ*, S. 31-103. *MEGA*, Ⅱ/13, S. 27-93.

しかし，現実の資本運動はこれら個別的諸資本循環の総体であるので，全体の統一は次のように示すことができる。

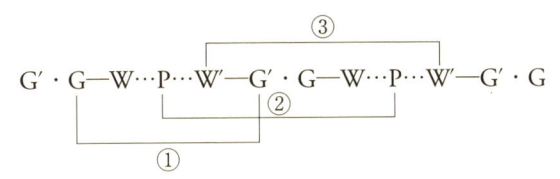

$$G'\cdot G-W\cdots P\cdots W'-G'\cdot G-W\cdots P\cdots W'-G'\cdot G$$

（①は最初のG·G—W…P…W'—G'·Gの範囲、②は中央部分、③は後半部分を括る）

16.2　資本の循環期間と流通費

　資本の循環期間は生産期間と流通期間とからなっている。したがって，資本は充用資本を拡大し，利潤を増大させようとして，これらの期間と経費を節減する傾向をもつので，流通期間に関しても縮減させようとするのである。

　流通費には①純粋な流通費（簿記・帳簿費，広告・宣伝等の販売費），②保管費，③運輸費に分類することができるが，①のうち簿記・帳簿など経営体の生産や運営に属する経費はどんな社会形態においても不可欠である。近年の情報通信技術（IT）の発展とその産業への応用は，生産・流通両部面における所要時間とコスト削減の著しい改革を成し遂げている。それに対して広告・宣伝等の販売費は資本主義のような非計画的な社会においては製品差別化の宣伝のために厖大な浪費（「社会的空費」）を伴っている。②の保管費は，資本主義の発展につれて倉庫業（商品の使用価値と価値を保持する機能）を自立化させたが，just in time の手法など今日では保管経費を縮減する方式が一般化しつつ

ある。③に関する運輸労働は，マルクスによれば直接的な生産過程の延長過程にある労働として特徴づけられており，価値（したがって剰余価値）を形成する労働とされている。

　また，資本の回転について多少の補足をしておきたい。それは，資本の回転速度と価値増殖との関係である。いま，回転数（n）をU（一定の期間，たとえば1年＝12ヵ月）をu（回転期間，たとえば3ヵ月）で除して得られるとすると，この場合はn＝4である*。したがって，資本の回転速度を高めることに成功すると，充用資本量の増大が得られ，同時に年剰余価値率（$nm' = n \cdot M/V$）の上昇をもたらすことになる。

> *ちなみに，資本にとってそもそも生産期間も流通期間も「必要悪」なのであり，その短縮を常に目指している。回転期間を構成する「労働期間の短縮」，「労働休止期間の活用」，「非労働（投入）生産期間の短縮」は前者の例であり，「出荷滞留期間の短縮」は後者の例である。

17. 社会的総資本の再生産と流通

　個々の資本は，他の資本との競争や連携によりながらも，例えば一国の社会的総資本を形成していることは自明である。しかも社会的総資本の運動を理論的に考察するためには，繰り返し個々の資本が社会的生産活動を担う関係にある。ここに登場するのが，ケネーの経済表の発想を受け継ぎ，W. W. レオンチェフの産業連関表にも関連の深い，マルクスの再生産表式である（もちろん，マルクスの再生産表式は価値＝価格という想定，剰余価値概念を前提としている）。

17.1　再生産表式の意義と限度

　マルクス再生産表式の理解のためには，以下に記すように，再生産表式展開の前提条件と限度を知ったうえで，再生産表式の意義を説明しておかねばなら

ない。

　まず，前提条件とは，①商品（資本）すなわち，W′…W′循環であり，②価値（剰余価値）次元での分析であり，③外国貿易は捨象されたクローズド・モデルであり，そして④再生産の理想的・平均的進行に基づいていることである。第2に，限度とは，①数値の単位は現実の価格表示の表式分析ではなく，せいぜい価値＝価格次元分析であり，②論理次元からすれば『資本論』＝「資本一般」のもとでの暗示的な（インプリシットな）資本主義的再生産過程の矛盾の表現にとどまっていることである。

　そのうえで，再生産表式の意義とは，社会的総資本の再生産を3価値構成（C＋V＋M），と2部門分割（Ⅰ：生産手段生産部門，Ⅱ：消費資料生産部門）＝「素材」分割という両視点から考察し，再生産の条件を一般的に明示しているということになる。

　そこで，単純再生産表式を説明したあとで，拡大再生産表式に移ることにする。

17.2　単純再生産表式

　一部は繰り返しになるが，『資本論』第二部第3篇の第20章「単純再生産」第2節「社会的生産の2つの部門」において，マルクスは「社会の総生産物は，したがってまた総生産も，次のような2つの大きな部門に分かれる」として，「Ⅰ生産手段。生産的消費に入るより他はないかまたは少なくとも入ることのできる形態をもっている諸商品。／Ⅱ消費手段。資本家階級および労働者階級の個人的消費に入る形態をもっている諸商品」（KⅡ, S. 394. MEGA, Ⅱ/13, S. 367.）と述べて，（商品生産物形態で把握した）社会的総資本の運動を2大区分する。そのうえで，次のような表式を与えるのである。

1) 素材面での部門間交換，部門内補塡

I　4000C + $\boxed{1000V + 1000M}$ = $6000W_1$（Pm）

II　$\boxed{2000C}$ + 500V + 500M = $3000W_2$（Km）

ただし，Pmは生産手段，Kmは消費手段，剰余価値率（M/V）は両部門とも100％，資本の有機的構成（C/V）も両部門ともにC対Vは4対1とされている。//，（）はそれぞれ部門間交換，部門内補塡を示す。

したがって，単純再生産の基礎的条件は，$\boxed{I(V+M) = IIC}$である。

2) 貨幣による媒介：〈3大支点〉

(1) 部門（I, II）間の相互取引　(2) 第I部門内の取引　(3) 第II部門内の取引

I(V+M) = IIC　　　　　　　IC[I 4000C]　　II(V+M)

a. I 1000V と 1/2 IIC（II 1000C）　　　　　　　　　　a. IIV（II 500V）

①A　④Km　⑥Pm　　　　　①Pm　　　　　　①A　④Km
IK→IP←IIK→IK　　　　　IK←----→IK　　　IIK→IIP←IIK
②G　③G　⑤G　　　　　　②G　　　　　　　②G　③G

b. I 1000M と 1/2 IIC（II 1000C）　　　　　　　　　　b. IIM（II 500M）

②Pm　④Km　　　　　　　　　　　　　　　　①Km
IIK←IK←IIK　　　　　　　　　　　　　　　IIK←----→IIK
①G　③G　　　　　　　　　　　　　　　　　②G

注：逆の順序でもよい。上下①②等は現物と貨幣との対応関係を示す。なお，Kは資本家，Pは労働者の略。

17.3　拡大再生産表式

マルクスは引き続き，第21章「蓄積と拡大再生産」において，次のように述べている。

「蓄積が個々の資本家にとってどのように行われるかは，第一部で明らかに

した。商品資本の貨幣化によって，剰余価値を表している剰余生産物も貨幣化される。こうして貨幣に転化した剰余価値を，資本家は自分の生産資本の追加現物要素に再転化させる。次の生産循環では，増大した資本が増大した生産物を供給する。しかし，個別資本の場合に現れることは，年間総再生産でも現れざるをえないのであって，それは，ちょうど，われわれが単純再生産の考察でみたように，個別資本の場合にその消費された固定成分が積立金として次々に沈殿していくということが年間の社会的再生産でも現れるのと同様である。」
(*K*Ⅱ, S. 485. *MEGA*, Ⅱ/13, S. 454.)

(発端表式)
  Ⅰ 4000C + 1000V + 1000M = 6000W_1 (Pm)
  Ⅱ 1500C + 750V + 750M = 3000W_2 (Km)
  ただし，剰余価値率は両部門とも100％，資本の有機的構成（C/V）は現実にいっそう近づけた仮定つまりⅠ：4対1，Ⅱ：2対1をとっている。

(蓄積率の前提)
  Ⅰ部門…50％（Mの1/2を蓄積，そのCとVへの配分は4：1）
  Ⅱ部門…20％（Mの1/5を蓄積，そのCとVへの配分は2：1）

(第1年目)
  Ⅰ 4000C + 1000V + 400Mc + 100Mv + 500Mβ = 6000W_1 (Pm)
  Ⅱ 1500C + 750V + 100Mc + 50Mv + 600Mβ = 3000W_2 (Km)

  Mのうち，☐☐☐内は蓄積部分，さらにそのうち☐☐☐内は部門内補填。
  Mβは各部門内の資本家の個人的消費。

1）素材面での部門間交換，部門内補塡

　　（1）部門内補塡　　　（2）部門間交換＝転態
　　ⅰ）　Ⅰ 4000C　　　┌ Ⅰ 1000V＋100Mv＋500Mβ ┐
　　ⅱ）　Ⅰ　400Mc　　 │ ＝Ⅱ 1500C＋100Mc（1600）│
　　ⅲ）　Ⅱ　750V　　　上記が拡大再生産の均衡条件
　　ⅳ）　Ⅱ　 50Mv　　　　　　　Ⅰ（V＋Mv＋Mβ）＝Ⅱ（C＋Mc）
　　ⅴ）　Ⅱ　600Mβ　　　　　　Ⅰ（V＋M）＞ⅡC

2）貨幣による媒介：〈3大支点〉

　　（1）部門（Ⅰ,Ⅱ）間の相互取引　（2）第Ⅰ部門内の取引　（3）第Ⅱ部門内の取引
　　Ⅰ（V＋Mv＋Mβ）＝Ⅱ（C＋Mc）　　Ⅰ（C＋Mc）　　　Ⅱ（V＋Mv＋Mβ）
ⅰ）Ⅰ（1000V＋100Mv）　　　　　　ⅲ）Ⅰ（4000C＋400Mc）　ⅳ）Ⅱ（750V＋50Mv）
　　　　　　＝Ⅱ（1000C）

　　　①A　　④Km　　⑥Pm　　　　　　①Pm　　　　　　　①A　　④Km
　　　ⅠK⇄ⅠP⇄ⅡK⇄ⅠK　　　　ⅠK⇄ⅠK　　　　ⅡK⇄ⅡP⇄ⅡK
　　　②G　　③G　　⑤G　　　　　　②G　　　　　　　②G　　③G

ⅱ）Ⅱ（400C＋100Mc）＝Ⅰ（500Mβ）　　　　　　　　ⅴ）Ⅱ（600Mβ）

　　　②Pm　　④Km　　　　　　　　　　　　　　　　①Km
　　　ⅡK⇄ⅠK⇄ⅡK　　　　　　　　　　　　　ⅡK⇄ⅡK
　　　①G　　③G　　　　　　　　　　　　　　　　②G

（第2年目）
　　Ⅰ　4400C＋1100V＋1100M＝6600W_1（Pm）　対前年比増10.0%
　　Ⅱ　1600C＋ 800V＋ 800M＝3200W_2（Km）　対前年比増 6.7%

17.4　残された課題

　現実の経済活動は，「資本一般」の論理レヴェルにおいても，以上の枠組みで達成されるわけではなく，マルクスは少なくとも次の2点の具体化を構想していたと考えられる。

その第1は，恐慌の周期性の根拠としての固定資本の補塡問題（d貨幣補塡・積立＝f現物補塡・更新）であり，第2はⅠ・Ⅱ部門の具体化としての亜部門分割問題（貨幣材料＝金生産，軍需品，奢侈品など。前二者：Ⅰb，後者：Ⅱb）であった。なお，マルクスは，現行『資本論』第二部第3篇には取り入れられなかった第Ⅱ稿（*MEGA*, Ⅱ/11, S. 419-522.）でいわゆる「6亜部門の再生産」について述べている（早坂啓造「『資本論』第Ⅱ部第三篇の編集稿とマルクス稿の比較」，『経済』2009年2月号，157-158頁参照）。

[第3篇] 資本の総過程

本篇の課題は，①前2篇の統一の「単なる反省」ではなく，資本運動全体の「具体的諸形態」に新たに接近することであり，②資本＝賃労働関係に起因する本質と現象の転倒性を新次元で解明すること，③ただし，これらの具体性はなお「資本一般」にとどまること，などの探求にある。

18. 諸資本の競争と価値の生産価格への転化

18.1　商品価値の生産価格への転化

商品価値はいかにして生産価格に転化するのであろうか。これまでの議論では，諸資本間の競争は多くの場合，問題とはしてこなかった。しかし，現実の資本運動は他の資本との競争にさらされている。この資本間の競争は，同一産業部門内部の競争（部門内競争）と産業部門全体の競争（部門間競争）との2つの競争に論理的には区分できる。まだ産業資本（製造業）のみの運動を想定しているが，のちの「価値法則のモディフィケーション」では，製造業以外の部面にも考察範囲が拡大される。

さて，これまでに生産過程で形成された商品の価値がどのような価格形態をもつことになるのかを簡単に示したものが，以下のような手続きを経て明らかとなろう。

$$W = C + V + M \quad \cdots\cdots\cdots\cdots\cdots\cdots\cdots\cdots\cdots\cdots\cdots\cdots\cdots\cdots\cdots\cdots\cdots\cdots \quad (1)$$

まず，(1)式は商品価値 W が C（消費された不変資本価値）と V（可変資本価値）と M（剰余価値）とから構成されることを示している。(2)式は C と V を括弧にまとめて，(3)式の費用価格に転化させる前提となる式である。

$$W = (C + V) + M \quad \cdots\cdots\cdots\cdots\cdots\cdots\cdots\cdots\cdots\cdots\cdots\cdots\cdots\cdots\cdots\cdots \quad (2)$$

そうして，(3)式で商品価値は費用価格と剰余価値の加算された値として得られる。

$$W = K + M \quad \cdots\cdots\cdots\cdots\cdots\cdots\cdots\cdots\cdots\cdots\cdots\cdots\cdots\cdots\cdots\cdots\cdots\cdots\cdots \quad (3)$$

流通過程を介して剰余価値は P（平均利潤）になるので，そのさいの商品価値を生産価格 W^* と呼ぶ。

$$W^* = K + P \quad \cdots\cdots\cdots\cdots\cdots\cdots\cdots\cdots\cdots\cdots\cdots\cdots\cdots\cdots\cdots\cdots\cdots\cdots \quad (4)$$

商品価値の生産価格への転化の《例示表》 (KIII, S. 166. MEGA, II/15, S. 158.)

(1)生産部門	(2)投下資本	(3)消費されたC	(4)剰余価値率	(5)剰余価値	(6)特殊的・部門利潤率	(7)商品価値	(8)費用価格	(9)平均利潤率	(10)生産価格	(11)価値と価格との乖離
I	80C+20V	50		20	20%	90	70		92	+2
II	70C+30V	51		30	30%	111	81		103	−8
III	60C+40V	51	100%	40	40%	131	91	22%	113	−18
IV	85C+15V	40		15	15%	70	55		77	+7
V	95C+ 5V	10		5	5%	20	15		37	+17
合計	390C+110V	110				422			422	±0

いま，商品価値の生産価格への転化を表によって示そうとしたものが，上の《例示表》である。少し解説しておこう。産業資本の活動する生産部門を I〜V の 5 部門とし，投下資本はどの部門にも同量の100であるが，商品種類の差異は資本の有機的構成（C/V）に表現されている。消費された C にも差異が生じるのは，機械類や原材料の消費も部門によって異なるからである。剰余価値率（M/V）は単純化のために100％としてある。これらが与えられれば，5

部門それぞれの利潤率（特殊的・部門利潤率）は剰余価値を投下資本で除した値として得られる。さきにみたように，商品価値，費用価格も算出できる。平均利潤率とは5部門の投下資本総計で剰余価値総計を割った値だから22％となり，生産価格も与えられる。結局，商品価値総計と商品価格（生産価格）総計は一致しており，価格の法則は価値法則の枠内にあることがわかる。

18.2 「価値から生産価格への転形問題論争」

マルクスにおける総価値＝総生産価格，総剰余価値＝総利潤という，総計一致2命題をめぐる論争は，2命題を支持する見解と2命題のうち1命題（後者）を否定する見解などが並立しており，現在も決着をみていない。4番目の方程式の発見の模索に始まり，労働量タームと価格タームでの一元化を試みる見解や次元（労働時間と価格次元）の相違論などがあるが，ここでは深入りしない。ここでは，『資本論』体系に貫徹する労働価値論の意義，マルクスが価値法則について述べている後出（本書75頁）の箇所（KⅢ, S. 189. MEGA, Ⅱ/15, S.180.）の理論的な原点から十分に理解する必要のあることを指摘しておきたい[*]。

> [*]なお，「転形問題」を扱った最近の文献として，「費用価格が生産価格化した場合に，総計一致の命題はいかに発展した形態を受けとるか，一般的利潤率や平均利潤や生産価格の概念はどのような発展した形態を受けとるかというように，問題を立てるべきである」という観点から従来の論争を批判的に検討した，漆原綏『転化問題──生産価格概念の発展』創風社，2008年がある。

18.3　平均利潤法則の貫徹──生産価格，市場価値と市場価格

マルクスは，さきにみたように，個別諸資本間の競争が相異なる生産部門間では生産価格と平均利潤率を成立させることを明らかにした。他面では同時に，同一部門内では生産価格の特殊的・部門内の反映ないし具体化である市場生産価格やさらに生産条件・需給関係の具体化によって市場価値・市場価格の理論を展開している。これらの法則の現実的な根拠は，「資本一般」における「自由競争」観に立脚するマルクスの認識にある。そこで，生産価格論の前提でも

ある市場価値と市場価格の理論をみることにしよう。

（1）市場価値の形成

　商品の価値は，すでにみたように，その商品の生産ないし再生産に必要な社会的平均的労働量（時間）であり，社会的価値であった。ただし，同一市場内部には個々の資本の主として生産条件の差異に基づいて種々の個別的価値をもつ諸商品が競合している。このように相異なる個別的価値が社会的価値を実証するためには，具体的な同一商品市場での競争による市場価値を経由しなければならない。そこで，マルクスは次のように市場価値を2様に規定したのである。「市場価値は，一面ではひとつの部面で生産される諸商品の平均価値とみられるべきであり，他面ではその部面の平均的諸条件のもとで生産されてその部面の生産物の大量をなしている諸商品の個別的価値とみられるべきであろう」（KⅢ, S. 187-188. MEGA, Ⅱ/15, S. 178.）。前者の規定は厳密な（加重）平均価値であり，後者は「前者の近似値としての」大量平均価値と考えられるが，経済現象における規定としては後者の場合も十分に首肯しうることになろう。

（2）市場価値と市場価格

　それでは，市場価値と市場価格との関係はどうであろうか。マルクスは次のように述べて，需要供給一致を前提とすれば，競争（主として部門内競争）が市場価格の動揺を長期的には市場価値に一致させる傾向をもたらすことを明示している。

　「ある商品がその市場価値どおりに売られるためには，すなわちそれに含まれている社会的必要労働に比例して売られるためには，この商品種類の総量に振り向けられる社会的労働の総量が，この商品に対する社会的欲望［有効需要］の量に対応していなければならない。競争，需要供給関係の変動に対応する市場価格の変動は，それぞれの商品種類に振り向けられる労働の総量を絶えずこの限度に引き戻そうとするのである」（KⅢ, S. 202. MEGA, Ⅱ/15, S. 192.）。このように，市場価格の運動の重心をなすのが，市場価値（市場生産価格ともいう）である。したがって，「価値法則は価格の運動を支配する」（KⅢ, S. 189. MEGA, Ⅱ/15, S. 179.）といってもよい。

これに関連して需要供給一致の前提条件でもあり，また再生産の条件の問題点でもあるが，マルクスは，「異常な組み合わせ」問題を登場させている。曰く次のようにである。「最悪の条件や最良の条件のもとで生産される商品が市場価値を規制するということは，ただ異常な組み合わせのもとでのみみられることであって，市場価値はそれ自身市場価格の変動の中心なのである――といっても市場価格は同じ種類の商品では同じなのである。平均価値での，すなわち両極の中間にある大量の商品の中位価値での，商品の供給が普通の需要をみたす場合には，市場価値よりも低い個別的価値をもつ商品は特別剰余価値または超過利潤を実現するが，市場価値よりも高い個別的価値をもつ商品はそれ自身が含んでいる剰余価値の一部分を実現することができないのである」(KⅢ, S. 188. MEGA, Ⅱ/15, S. 178.)。産業資本主義段階の「自由な競争」を前提とし，需給一致のもとで，技術革新による産業構造の激変を考慮の外に置いた限りでは，このように，大量商品供給の市場価値が市場価格運動の重心を果たすであろう。

　問題は，ここでの叙述にとどまらないように思われる。つまり，需給水準変化，再生産条件の変動の場合という独占資本の登場による産業構造の変化にも適用しうる叙述が，次のように展開されていると考えられるからである。

　「ところで，生産される商品の分量と商品が市場価値どおりに売られる分量との差は，2つの原因から生じうる。その一方は，この商品分量そのものが変動して過小または過大となる場合，つまり，与えられた市場価値を調整したのとは別の基準で再生産が行われた場合。この場合には，需要は同一不変であるのに供給が変動したのであって，そのために相対的な過剰生産または過少生産が生じたのである。他方は，再生産すなわち供給は同一不変であるが需要が減少または増加した場合であって，この変動は種々の原因から生じうる」(KⅢ, S. 195. MEGA, Ⅱ/15, S. 185.)。

　したがって，また「生産価格は長期間についてみれば，供給の条件であり，それぞれの特殊な生産部面の商品の再生産の条件」(KⅢ, S. 208. MEGA, Ⅱ/15, S. 198.) なのであり，このことは市場価格変動の重心たる市場価値ないし市場生産価格そのものの水準を変化させる要因としての「供給条件」ないし「再生産

条件」について述べているといってよい*。

   *これの展開によっては,「独占的生産価格モデル」に示唆を与える文言と解しうるかもしれない。

19. 利潤率の傾向的低下法則と生産諸力・生産諸関係の矛盾

すでに本書の［第1篇］15.「資本の蓄積過程」のなかで述べたように,資本主義的蓄積の一般法則の第1点は,「労働生産力の発展は,資本の有機的構成の高度化を促進する。つまり,充用総資本に占める不変資本部分（主として機械設備）の比重を高める」(本書, 57頁) ということであった。もしこの事実認識ないし論証が正しければ,必然的に次のような結果をもたらすことになる。

19.1　法則そのもの

ここで,一般的利潤率を P' とすれば P' は,資本の回転数 (n),剰余価値率 (M/V),資本の有機的構成 (C/V) によって決定される。いま,資本の回転数と剰余価値率を一定とすれば,資本の有機的構成の高度化＝上昇にともない,P' は次式のように必然的に低下せざるをえないことになる。

$$P' = n \cdot \frac{M}{C+V} = n \cdot \frac{\frac{M}{V}\uparrow}{\uparrow\frac{C}{V}+1} \longrightarrow \searrow$$

なお付言すれば,$\frac{M}{V}$ には1日24時間をはじめ,搾取率に伴う人間労働の上昇率には一定の制約があり,他方 $\frac{C}{V}$ には原則的にはそのような技術上の制約要因は存在しない。

したがって,「一般的利潤率の漸進的な低下の傾向は,ただ,労働の社会的生産力の発展の進行を表す資本主義的生産様式に特有な表現である」(*KⅢ*, S. 223. *MEGA*, Ⅱ/15, S. 211.) である。個々の資本が超過利潤を追求しようとして労働生

産力を高める競争戦の結果が, 資本主義的生産様式という社会的枠組みに衝突し, 社会的総資本 (その個々の分岐形態はすぐあとの20. でみるが) にとっての一般的利潤率こそが漸進的な低下を招来せざるをえないのである。ただし, 利潤率の低下と加速的蓄積とは, 「資本の集積と集中とを促進する。これによって, 他方では蓄積も, その率は利潤率とともに下がるとはいえ, 量からみれば促進される」(KⅢ, S. 251. MEGA, Ⅱ/15, S. 238.)。つまり, 資本主義的生産様式の発展につれて利潤率は低下するが, 同時に充用資本量の増大とともに利潤量の絶対的増加をともなうと論じている。

19.2 反対に作用する諸要因, 法則の貫徹

利潤率の低下が「最近の30年間」においても, なぜ急速ではなく「傾向的」なのかを説明するために, マルクスはもっとも一般的な要因として次の6点を挙げている。

①労働の搾取度 (M') の増大, ②労働力の価値以下への労賃の引き下げ (P' の上昇), ③不変資本諸要素の低廉化, ④相対的過剰人口 (これは①と同様の圧力となる), ⑤対外商業活動 (③と必要生活手段の低廉化の効果による P' の上昇), ⑥株式資本の増加 (P' の平均化への株式資本の不参加。あるいは, 株式配当の利子化によって P' への消極的参加)

しかしながら, これらの反対に作用する諸要因をもってしても, 一般的利潤率の低下そのものを阻止することは不可能だとマルクスは考えていたのである。

19.3 法則の内的諸矛盾の開展

利潤率の傾向的低下の法則には, 利潤率増大の手段がその低下の原因になるという矛盾を抱えており, その矛盾は, 資本主義的蓄積過程に内在する矛盾の表れである。資本の蓄積は, 一方で, 生産力を無制限に発展させる志向をもつと同時に, 他方では一般的利潤率の低下という蓄積に対する制限を自ら生みだすのである。マルクスは, 「この特有な制限は, 資本主義的生産様式の被制限性とその単に歴史的な一時的な性格とを証明する」(KⅢ, S. 252. MEGA, Ⅱ/15, S.

238.）と述べている。さらに、この矛盾は、私なりの解釈を交えて言えば、次のような形態でも現れる。その第1は、恐慌の窮極的根拠を示すことによってである。つまり、直接的搾取の条件は生産力の無制限的発展によるにもかかわらず、実現の条件は資本主義的生産諸関係、敵対的な分配諸関係、とりわけ勤労者＝サラリーマン大衆の消費限界によって狭い範囲に制約されていることである。第2は、恐慌の可能性の現実性への転化の諸契機は、資本の絶対的過剰生産によるものだということである。しかも、「この法則は、生産力の発展がある点に達すればその発展にもっとも敵対的に対抗し、したがって絶えず恐慌」（KⅢ, S. 268. MEGA, Ⅱ/15, S. 255.）によって再生産の条件を獲得せざるをえず、産業循環を繰り返すことになる。付言すれば、マルクスが、第15章第4節「補遺」のなかで、資本主義的生産の「3つの主要な事実」として、(1)少数の手のなかでの生産手段の集積、(2)社会的労働としての労働そのものの組織化、(3)世界市場の形成を挙げていることは、独占資本主義への歴史的展望としても注目すべきであろう。

20. 価値法則のモディフィケーション ——商業利潤、利子および地代

　これまでの叙述は、産業資本（製造業で機能する資本）に限定された論理次元においてであった。さらに、価値の法則を資本の種差ともいうべき範囲にまで拡張した考察が展開される。すなわち、価値法則は産業資本のみならず、商業資本、利子生み資本、および農業資本の運動との関連を包括しなければならないからである。これは包括する経済領域の拡充に伴う、価値法則の貫徹を問題としているという意味で、価値法則の変容（モディフィケーション）といわれる問題である。なお、関連するので述べておくが、現行『資本論』（第三部）の篇別構成では、第3篇「利潤率の傾向的低落の法則」、第4篇「商業資本」、第5篇「利子生み資本」、第6篇「超過利潤の地代への転化」、第7篇「諸収

入とそれらの源泉」，となっているが，本書では便宜上その順序を一部変更しているので，『資本論』を読み進まれる場合には，その点にも留意してほしい。

まず，第2篇「利潤の平均利潤への転化」において，産業資本の論理次元では，「価値法則と生産価格」の関係が，総価値＝総生産価格，総剰余価値＝総利潤の2命題の成立の肯定を含めて，次のように総括的に述べられていた。

20.1 価値法則と生産価格

「諸商品の総価値は［その生産過程的価値構成部分としての］総剰余価値を規制し，この総剰余価値はまた［実現された総利潤を充用総資本で除した］平均利潤の高さ，したがってまた一般的利潤率の高さを規制する——一般的法則として，または諸変動を支配するものとして——のだから，価値法則は生産価格を規制するのである」（KⅢ, S. 189. MEGA, Ⅱ/15, S. 180.）。

そのうえで，マルクスは商業資本や利子生み資本の運動を論じている。産業資本の運動は上記のように考察されたが，この一般的理論的土台のうえに今度は商業資本や利子生み資本の考察が可能となる。

20.2 商業資本

マルクスは，第4篇「商品資本および貨幣資本の商品取扱資本および貨幣取扱資本への転化（商人資本）」の第16章「商品取扱資本」の冒頭で「商人資本または商業資本は，商品取扱資本と貨幣取扱資本という2つの形態または亜種に分かれる。この2つのものを，資本の核心的構造の分析に必要な限りで，これからもう少し詳しく特徴づけることにしよう」（KⅢ, S. 278. MEGA, Ⅱ/15, S. 263.）と述べて，叙述を始めている。

まず，商品取扱資本をみておこう。「流通過程にある資本のこの機能［流通過程ではつねに商品は貨幣へ移行しようとしており，他方貨幣は商品へ移行しようとしていること］が一般に特殊な資本の特殊な機能として独立化され，分業によってひとつの特別な種類の資本家に割り当てられた機能として固定する限りで，商品資本は商品取扱資本または商業資本になる」のであり，「流通資本の一部分が転化

した形態」であるが，商品取扱業者も資本家一般として前貸貨幣額を利潤を含めて回収しようとする。それでは，産業資本の機能から商品取扱資本に分離・独立するメリットはどこにあるのか。マルクスは3点を推定しているが，その2番目に次の点を挙げている。「商人が専門にこの業務に従事するので，生産者にとって自分の商品がより速く貨幣に転化させられるだけではなく，商品資本そのものがその変態を，生産者の手のなかでする場合よりも，より速くすませる」(KIII, S. 287. MEGA, II/15, S. 271.) ということだと。そこで，「商人資本は価値も剰余価値も創造しない」が，「商人資本が流通期間の短縮に役立つ限りでは，それは，間接には，産業資本家の生産する剰余価値を増やすことを助けることができる」(KIII, S. 291. MEGA, II/15, S. 275.) とまとめている。他方，貨幣取扱資本もまた産業資本（および商業資本）の流通過程で，つまり商品販売＝購買の流通過程で必要な貨幣運動を媒介するという「純粋に技術的な」（貨幣の払出，出納，差額の決済，当座勘定の処理，貨幣の保管など）要請から生まれた商業資本の一種である。また，発生史的分析としては，「両替業と地金取扱業」とが，近代的貨幣取扱資本の「自然発生的な基礎」，「最も本源的な形態」なのであって，それらは，「貨幣の二重の機能，すなわち国内鋳貨および世界貨幣としての機能から生まれる」(KIII, S. 330-331. MEGA, II/15, S. 310-312.) と述べている。

20.3 商業利潤と利子

商業資本が参加する資本運動とは，これまでに簡単にみたように剰余価値の生産には参加せず，利潤の分配には参加する資本の登場である。したがって，産業資本のみが考慮されていたときに成立した$W^*=K+P$は，商業資本の参加によって$W^*=K+P+H$（このHが商業利潤で，従来のPの水準が下方修正され，PとHは同一の水準となる）ことになる。そして利子もまた，この下方修正された新たな一般的（平均）利潤率の枠内で資本運動に参加するのである。

20.4 利子生み資本

　マルクスは，利子生み資本について，次のように論じている。「こうして，貨幣は，自分が貨幣としてもっている使用価値のほかに，ひとつの追加的使用価値，すなわち資本として機能するという使用価値を受け取るのである。ここでは貨幣の使用価値とは，まさに，それが資本に転化して生みだす利潤のことなのである。このような，可能的資本としての，利潤を生産するための手段としての，属性において，貨幣は商品に，といってもひとつの独特な種類の商品に，なるのである。または，結局は同じことになるが，資本が資本として商品になるのである」(KIII, S. 351. MEGA, II/15, S. 330-331.)。「資本が資本として商品になる」とは，『資本論』（第一部）でも言及したように，商品の呪物的性格（物神性）の極限的形態の指摘でもある。

20.5　利子生み資本の特有の運動形態——利子と企業者利得

　マルクスは，「利子生み資本の特有な流通」を G―G―W―G′―G′ と表現し，「ここで重複して現れるものは，(1)資本としての貨幣の支出であり，(2)実現された資本としての，G′ または $G+\Delta G$ としての，貨幣の環流である」(KIII, S. 352-353. MEGA, II/15, S. 332.) のだが，「資本一般の特徴的な運動，すなわち貨幣の資本家への復帰，資本のその出発点への復帰は，利子生み資本では，この復帰という形態をとる現実の運動からは切り離されたまったく外的な姿を受け取る。Aは自分の貨幣を，貨幣としてではなく，資本として手放す。ここでは資本にはなんの変化も起こらない。それはただ持ち手を取り替えるだけである。貨幣の資本への現実の転化は，Bの手によってはじめて行われる。しかし，Aにとっては，それはBへの単なる譲渡によって資本になっている。生産過程および流通過程からの資本の現実の環流は，ただBによって行われるだけである。しかし，Aにとっては環流は譲渡と同じ形態で行われる。それはBの手から再びAの手に帰る。ある期間を限っての貨幣の譲渡，貸付，そして利子（剰余価値）を付けてのその回収，これが利子生み資本そのものに固有な運動形態の全体である」(KIII, S. 360-361. MEGA, II/15, S. 361.) ということである。

したがって，貸し手（貨幣資本家）も借り手（機能資本家）も同じ貨幣額を資本として支出する以上，両者にとって資本として機能するためには，利潤の量的分割以外にはありえないことになる。平均利潤（一般的利潤）の利子と企業者利得への分割である。

20.6 商業信用と銀行信用

「信用と架空資本」と題された第25章で，マルクスは，「ここでは，ただ，資本主義的生産様式一般の特徴づけのために必要なわずかばかりの点をはっきりさせておくだけでよい。そのさいわれわれはただ商業信用と銀行信用を取り扱うだけにする」(KIII, S. 413. MEGA, II/15, S. 389.) と述べて，以下のように商業信用と銀行信用について叙述している。単純な商品流通の論理段階でも，支払手段としての貨幣の機能で明らかにされたように，商品生産者や商品取扱業者の間に債権者と債務者との関係が形成されるが，資本主義的生産様式の発展につれて，信用制度のこの自然発生的な基礎は拡大され，一般化される。

貨幣はここでは支払手段として機能するが，そのさい用いられる手形が債権債務の相殺によって決済される限りでは，絶対的に貨幣として機能する。このような生産者や商人同士の間の相互前貸が（商業）信用の本来の基礎をなしているように，その流通用具，手形は本来の信用貨幣すなわち銀行券などの基礎をなしている。銀行は，一面では貨幣資本の集中，貸し手の集中を表し，他面では借り手の集中を表している。銀行の利潤は，一般的にいえば，自分が貸すときの利子よりも低い利子で借りるということにある。銀行業者が与える信用は，他の銀行あての手形・小切手，同種の信用開設，発券銀行の場合には背後に国家信用（銀行券は法定の支払手段）をもっているが，銀行券とは銀行業者によって個人手形と取り替えられるその銀行業者あての即時持参人払いの手形に他ならない。ここから，銀行資本の信用創造機能が賦与され，利子率の一般化が進むにつれて，現実資本と架空資本とのギャップが拡大する可能性も与えられることになる。

なお，マルクスは，「資本主義的生産における信用の役割」のなかで，「株式

制度——それは資本主義体制そのものの基礎の上での資本主義的な私的産業の廃止」と位置づけ，「協同組合企業」とともに「資本主義的生産様式から結合生産様式への過渡形態」ともみなしている。したがって，信用制度に内在する二面的な性格を「一面では，資本主義的生産のばねである他人の労働の搾取による致富を最も純粋で最も巨大な賭博・詐欺制度にまで発展させて，社会的富を搾取する少数者の数をますます制限するという性格，しかし，他面では，新たな生産様式への過渡形態をなすという性格」(Cf. KⅢ, S. 454-457. MEGA, Ⅱ/15, S. 430-432.) と特徴づけた点も注目されよう。

20.7 地代

マルクスはなぜ「資本一般」を固有の研究対象としたのに，土地所有を取り上げているのだろうか。それに対して次のように述べている。「土地所有をそのさまざまな歴史的形態において分析することは，この著作の限界の外にある。われわれが土地所有を取り扱うのは，ただ，資本によって生みだされた剰余価値の一部分が土地所有者のものになる限りでのことである」(KⅢ, S. 627. MEGA, Ⅱ/15, S. 602.) と。

土地は，「資本にとって外的な生産手段」ともいうべきものである。農業部面に対する資本主義的生産様式の支配を前提したとしても，農業部面では，工業部面とは異なって資本の有機的構成 (C/V) が低いという「特殊性」をもっているが，他方，農産物商品の需給関係は人口増大が要求する水準には供給が遅れがちである。そこで，一般的に農耕地の拡大は土地の豊饒度が高いところから低い土地に向かっていく（下降順序）傾向が考えられるが，逆に土地改良や農薬使用などによって相対的に豊饒度の低い土地からだんだん高い土地に上がっていく（上昇順序）の場合や両者が交互して進む場合もありうる。ともあれ，単位当たり土地の生産力格差にもとづく超過利潤が発生するが，これらの超過利潤はすべて近代的土地所有者への差額地代Ⅰに転化する。もちろん，農耕地の拡大は二毛作，二期作という形態が現在も残存するように，同じ土地への農業資本の追加投下によってもなされる。その場合に生じるさきの差額地代

Ⅰとは序列を異にした差額地代Ⅱの存在も重要である。それでは，差額地代が発生しない限界地の土地所有者は「無償で」土地の使用を許可するのか。土地所有者はそれを認めはしない。したがって，どのような土地所有者にも獲得される地代が発生するが，それを絶対地代という。

　以上をまとめれば，下記の①〜③のようになる。その他，マルクスは④建築地（宅地）地代，鉱山地代，独占地代についても述べている。

地代の種類

①差額地代第Ⅰ形態…土地の豊饒度と位置の差異にもとづく（同一資本量，同一面積）

②差額地代第Ⅱ形態…同上（追加資本投下，同一面積）

③絶対地代…土地所有の独占，農業部面の工業部面に比しての資本の有機的構成の低位にもとづく

④その他の地代…建築地（宅地）地代，鉱山地代，独占地代

　工業部面では，平均的生産諸条件をもつ資本が平均利潤を獲得しえた。ところが，農業部面では，平均ではなく最劣等地，つまり限界地＝限界経営が平均利潤（一般的利潤率）を得るのである。マルクスはいう。農業部面では，「市場価値がいつでも生産物量の総生産価格を超えている」（*KⅢ*, S. 673. *MEGA*, Ⅱ/15, S. 646.）という特徴をもち，「これは，資本主義的生産様式の基礎のうえで競争の媒介によって実現される市場価値による規定である。この規定は，ある虚偽の社会的価値を生みだす。これは，土地生産物が従わされる市場価値の法則から生ずる」（*KⅢ*, S. 673. *MEGA*, Ⅱ/15, S. 646.）と述べている。

表1　差額地代Ⅰ［下降順序］（KⅢ, S. 666. MEGA, Ⅱ/15, S. 639.）

土地種類	生産物 クォーター	生産物 シリング	資本前貸	利潤 クォーター	利潤 シリング	地代 クォーター	地代 シリング
A	1	60	50	1/6	10	—	—
B	2	120	50	1 1/6	70	1	60
C	3	180	50	2 1/6	130	2	120
D	4	240	50	3 1/6	190	3	180
合計	10	600				6	360

現実の生産価格［表］（KⅢ, S. 673. MEGA, Ⅱ/15, S. 646.）

A	1クォーター＝60シリング；	1クォーター	＝60シリング
B	2　〃　＝60　〃　；	1　〃	＝30　〃
C	3　〃　＝60　〃　；	1　〃	＝20　〃
D	4　〃　＝60　〃　；	1　〃	＝15　〃
	10クォーター＝240シリング；平均1クォーター＝24シリング		

　前者の特徴は，工業部面＝平均原理，農業部面＝限界原理と呼ばれる問題であり，後者の「虚偽の社会的価値」（ein falschen socialen Werth）による実際の労働時間以上の余分の支払い（マルクスの上記の表1と現実の生産価格表の設例では600－240＝360シリング）を資本主義のもとでは社会の負担とされ，それを超えた社会では当然除去されると解釈された問題であった[*]。

　[*]「独占理論」研究の強烈な問題意識が背景にあるが，例えば，平均原理と限界原理との関連については，一井昭編『白杉庄一郎　価格の理論・景気循環論』中央大学出版部，1989年，とくに［Ⅰ］価格の理論の各章，「虚偽の社会的価値」については，白杉庄一郎『独占理論の研究』ミネルヴァ書房，1961年，第3章「独占利潤の差額地代的性格に関連して」151-213頁をそれぞれ参照されたい。

　また，地代と土地価格との関係について，マルクスは土地価格を「資本還元

された地代」(*KIII*, S. 637. *MEGA*, II/15, S. 612.) として表されると述べている。

20.8 諸収入とそれらの源泉

『資本論』(第三部) を締めくくる第7篇「諸収入とそれらの源泉」では，次の3点の指摘がとくに重要であると考える。その第1は，「三位一体的範式 (Die trinitarische Formel) 批判」である。これは，資本─利子 (利潤)，土地─地代，労働─労賃という所得源泉と所得の関係を俗流経済学者による誤った見解 (本質的には連関のないものの組み合わせ) だと批判したものである。すなわち，資本主義社会の表層に現象するがゆえに，「俗流経済学は，ブルジョア的生産関係にとらわれたこの生産の当事者たちの諸観念を教義的に通訳し体系化し弁護論化することの他には，実際には何もしないのである」(*KIII*, S. 825. *MEGA*, II/15, S. 792.)。また，この範式では，「資本主義的生産様式の神秘化，社会的諸関係の物化，物質的生産諸関係とその歴史的社会的規定性との直接的癒着が完成されている。それは魔法にかけられ転倒され逆立ちした世界」(*KIII*, S. 838. *MEGA*, II/15, S. 804.) であるとも痛烈に批判している。しかるに，現在にいたるも標準的な近代経済学の教科書では「生産の三要素論」を死守している。第2は，「生産諸関係と分配諸関係，その転倒性の批判」である。これは，分配諸関係は本質的には生産諸関係に規定されているにもかかわらず，分配諸関係を重視する観点の現象的・転倒性を批判したものである。第3は，「必然の国」から「自由の国」への展望を打ち出していることである。つまり，現実の資本主義社会における資本＝賃労働関係のもとでの「必然」性は労働が自己疎外された形態であり，労働の真の復権は「労働日の短縮と自由時間の拡大」だと論じている。「社会化された人間，結合された生産者たちが，盲目的な力によって支配されるように自分たちと自然との物質代謝によって支配されることをやめて，この物質代謝を合理的に規制し自分たちの共同的統制のもとに置くということ，つまり力の最小の消費によって，自分たちの人間性に最もふさわしく最も適合した条件のもとでこの物質代謝を行うということである。しかし，これはやはりまだ必然の国である。この国のかなたで，自己目的として認められ

る人間の力の発展が，真の自由の国が，始まるのであるが，しかし，それはただかの必然の国をその基礎としてその上にのみ花を開くことができるのである。労働日の短縮こそは根本条件である」(KⅢ, S. 828. MEGA, Ⅱ/15, S. 795.)*。

　* ちなみに，『経済学批判要綱』以来の自由時間概念に注目して執筆された先駆的労作に，杉原四郎『経済原論Ⅰ』同文舘，1973年，がある。

21. 恐慌と景気循環——国家・外国貿易・世界市場

　国民国家の形成は1648年のウェストファリア条約締結以降だと言われている。国家，外国貿易，世界市場というマルクスの「後半体系」は未完のままに終わった。恐慌と景気循環の理論は，「資本一般」の枠内においてさえも十全なものが残されているわけではない。したがって，「資本一般」具体化の視角から，上にみた恐慌の基礎理論（本書74頁）を手がかりとして，あるいは外国貿易や世界市場についても，「国際価値論」の問題（国家主権を超える領域での労働価値説の展開）を念頭に置いた論理展開が求められるであろう*。

　* ここではさし当たり，国家，外国貿易，世界市場，恐慌と景気循環に関する次の基本的文献を掲げておこう。

　　ボブ・ジェソップ『国家理論』中谷義和訳，御茶の水書房，1994年。

　　渋谷将『経済学体系と外国貿易論』青木書店，1981年。

　　唐渡興宣『世界市場恐慌論』新評論，1979年。

　　富塚良三『増補 恐慌論研究』未来社，1976年。

　　長島誠一『現代の景気循環論』桜井書店，2006年。

　　拙稿「再論・国際価値論研究の現状——中川信義氏の近年の見解に寄せて」，『経済学論纂』（中央大学），第45巻第3・4合併号，2005年3月。

　さらに，資本主義の矛盾を内包した歴史的発展が，19世紀後半には独占資本主義を生みだし，さらに20世紀30年代までには国家独占資本主義段階に達

している。したがって，グローバル化しつつある現代資本主義に関しても，これまでの内容を基礎として，さらに第Ⅱ部，第Ⅲ部の内容を吟味し，それを鍛え，世界各国での雇用問題の克服，金融派生商品の制限，ヘッジファンドの投機活動規制や安定した国際通貨・金融制度への改革，地域的経済圏の模索など直接的な緊急の経済課題のほか，地球環境問題の前進，核兵器廃絶といった広く世界政治や軍事にもわたるそれに優るとも劣らない間接的な経済課題といった複雑で困難な理論的諸問題に立ち向かわれることの重要性を指摘しておきたい。

第Ⅱ部
独占資本主義の理論
Theory of Monopoly Capitalism

　「独占資本主義の理論」とは，これまで論述してきた「資本一般の理論」の内在的な論理的・歴史的展開のなかから，必然的に生みだされてきた生産と資本の集積と集中の結果，資本の再生産構造がいわゆる第Ⅱ部門（消費財）中心の産業構造が第Ⅰ部門（生産財）主導に転換する。また，諸資本間の競争が「自由競争」から「独占的競争」形態へと変容し，産業独占資本が支配的資本の一般的位置を占めるとともに，19世紀60年代以降，株式会社の普及によって銀行業務の新しい役割が注目されるようになる。産業独占と銀行独占の融合・癒着も国際的に進展し，金融資本の登場となる。独占と金融資本の国際的ヒエラルキー（金融寡頭制）は資本主義の「帝国主義」段階をも特徴づけるにいたる。「資本一般」を基礎としながらも，それとは異なる段階を論理的に明らかにするのが，「独占資本主義の理論」である。

[第1篇] 独占資本主義論の課題と方法

22. 独占資本主義論の理論的課題と歴史的対象

22.1 理論的課題

(1) 独占資本主義の理論的な特徴を把握するため，19世紀後半以降の世界の政治経済分析に不可欠と考えられる表象的（representative or emblematic）把握を重視し，さらに現代資本主義＝国家独占資本主義にも継承される理論的基礎ともなりうる独占資本主義の理論体系構築という目的に即した分析を進めるなかで，それに必要な限りでの基礎的カテゴリーの再構成を行う。

(2) 「資本主義一般」（厳密には「資本一般」）の理論体系と現代資本主義論（基底部分が独占資本主義論・上層部分が国家独占資本主義論）との関係の明確化，つまり一方での資本主義の普遍性としての基底的同一性の確認と他方での後者固有の段階的差異性の具体的な論理展開を行う必要がある。

22.2 歴史的対象

資本主義の世界史的発展・推移を要約すれば，次のような画期を見いだせるであろう。

(1) 主として欧州では1850～60年代において，「資本一般」の素材とされた「自由競争」的資本主義期が普及しその頂点に達した。

(2) その後，主要な資本主義諸国は，重工業に向かうが過剰生産から1873年の世界市場恐慌を迎え，第一次世界大戦にいたる長期停滞期に見舞われ，その間に生産と資本の集積＝集中はいっそう進み，その結果，独占資本主義の形成と帝国主義の確立を迎える。同時に，資本主義諸国間の矛盾・対立が激化することになった。

(3) 第一次世界大戦中におけるロシア革命の結果，ソヴィエト「社会主義」社会の誕生となり，先進諸国においては対ソ連政策の必要性と1929年の世界恐慌による独占資本主義の体制的危機の打開策として，戦時ないし戦間期国家独占資本主義（国家独占資本主義の第1形態）が確立された。
(4) 第二次世界大戦後の世界政治経済秩序は，「パクス・ブリタニカ」から明確に「パクス・アメリカーナ」として再編されるとともに，1970年代央からはアメリカの覇権を支えてきたその経済的基盤の弱体化が進んでいる。

以上から現代資本主義論（国家独占資本主義論の第2および第3形態）の歴史的対象は主として(4)にあるが，理論構成としては(2)と(3)も歴史的表象としては念頭に置いた独占資本主義論と国家独占資本主義論の重層的な構成を必要とするであろう。なお，(4)については，国家独占資本主義の第2および第3形態として，後の32.以降で詳細を示したい。

22.3 独占資本主義論の方法と理論体系についての補足

独占資本主義論の方法と理論体系については，次の諸点に留意する。

すでに第Ⅰ部全体とくに4.～6.において述べてきたマルクスの経済学体系とその方法が，ここでも土台をなす。むろん，独占資本主義論にとっては何よりも独占資本主義の表象的・本質的な特質が固有の経済学体系にまで拡充されねばならない。そのさい，考慮されるべき方法的示唆としては，F. エンゲルスの「量から質への転化」論（*MEW*, Bd. 20, S. 348-353.），篇別構成としては，R. ヒルファディング『金融資本論』やB. И. レーニン『帝国主義論』が参考となろう。

[第2篇] 独占資本主義論

23. 資本主義の発展と独占の形成
——生産と資本の集積 = 集中と独占

23.1 「自由競争」的資本主義の構造とその矛盾の発現形態としての恐慌

　資本主義の発展は，周期的な過剰生産恐慌を契機とし，その克服の過程で生産と資本の集積 = 集中を伴って独占を形成しつつ，進展してきたといってよい。そこで，「自由競争」的資本主義の特徴を次のような指標で簡潔に表現しておこう。その指標とは，以下の4点である。(A)世界体制，(B)産業構造・市場構造，(C)生産力水準，(D)生産関係。

　(A)世界体制については，「パクス・ブリタニカ」という言葉に代表されるイギリス資本主義の世界制覇体制であった。(B)産業構造・市場構造の特質は，①綿工業を中心とする繊維産業など第Ⅱ部門主導の産業構造であり，②「原子」的競争（資本規模の相対的低位性）でもあった。(C)生産力水準は，現代の水準に比較すると当然のことではあるが，きわめて低い水準にとどまっており，第Ⅰ部門の中核を形成する金属・機械両部門はまだ萌芽的に登場し始めた段階であった。(D)生産関係についても，①封建諸勢力と産業ブルジョアジーとの対抗関係を調整しつつ，資本主義社会の基本的生産関係としての資本 = 賃労働関係が確立された時期であり，イギリスでは19世紀初頭以来基本的生産関係の矛盾が激化し始めてはいた。②しかし，資本 = 資本関係は比較的「平等性」を保持していたが，徐々に大資本が小資本を排除・駆逐・吸収する過程が進行する。③国家は本源的蓄積過程（資本主義形成の準備過程）で重要な役割を演じた時期を除くと，「自由競争」的資本主義期 = 資本そのものの自律的再生産が可能となった典型期には，資本の再生産過程には積極的な介入を控える傾向が強まった（チープ・ガヴァメント）といえよう。

　このような「自由競争」的資本主義の歴史段階においては，生産物（商品）

に対する有効需要がある限り，個々の産業（＝製造業）資本は当該産業部門の生産力水準を向上させることができたし，またそれゆえに産業構造は徐々に第Ⅰ部門（金属・機械部門）に比重を移すことにもなった。第Ⅰ部門の商品（生産手段形態＝機械，原材料）が第Ⅱ部門からの買い手を見いだすことに成功すれば再生産過程に何ら問題は発生しない（第Ⅰ部門および第Ⅱ部門それぞれの内部補塡はここでは無視する）。ところが，第Ⅰ部門の独自の自律的発展が第Ⅱ部門の需要を超えて進行すると，いわば供給不足体制から生産力増強による供給過剰体制への移行が開始されることになった。そこでの最大の問題は，資本間競争の矛盾・対立による恐慌（Economic Crisis，景気循環の一局面で下位転換点）の周期的発現の激化であり，さらには恒常的な過剰生産状態（Great Depression：大不況期）の出現であった。これら短期と長期の2種類の資本主義経済の危機を通じて，これまでの「自由競争」段階における第Ⅱ部門内部の需給関係の不均衡に起因する短期の景気循環運動を除けば，長期的なスパンでのいわば「均衡」的経済像も修正されることが必要となってきた。つまり，景気循環の一局面としての恐慌のいっそうの激化，および長期的・構造的な大不況期は，次第に旧来の産業構造，市場構造，生産力水準，生産関係，ひいては先進国相互間のポジションに影響を及ぼし，ついには世界体制を変化させるにいたったのである。

23.2 生産と資本の集積＝集中の段階的特質と独占への移行

　ここでは，生産と資本の集積＝集中がどのようにして独占の形成へと導くのかという問題をやや理論的に整理しておこう。そのために，まず第1に，集積一般と蓄積・集積＝集中の相互関係を明らかにすること，第2に，資本の3姿態がどのような契機で生産と資本の集積をもたらすのかということ，第3に，生産と資本の集積＝集中がいかにして資本主義の段階的移行の特質を担うのかということ，を順次みていくことにしよう。

　（A）集積一般と蓄積・集積＝集中の相互関係

　「蓄積」（Accumulation）はすでに「資本の蓄積過程」でみたように，剰余価値

の資本への追加的な再転化を表し，主として個別資本の増大を示す動態概念である。また，「集中」(Centralization) の用語は『資本論』(第一部, 初版) では見当たらず，集中と同一の意味で「本来の集積」「諸資本の集積」あるいは単に「集積」(Concentration) の用語が用いられているといわれている*。この集積は，社会的総資本の次元では静態概念であるが，個別資本次元では動態概念である。したがって，集積一般 (Concentration in general) には，これらの「蓄積」と（その後用いられることになった）「集中」の両形態が含まれる。そこで，生産と資本の「集積一般」は，どのようにして他資本総体を支配しうる特定の段階を迎えることが可能となるのであろうか。つまり，「自由競争」的資本は独占資本に転化することができるのだろうか。この点については，産業分野によって一律には言えないとしても，本間要一郎氏の「標準資本集中度」の上昇による説明が説得的である。すなわち，生産と資本の集積＝集中が進行する過程で特定の段階で「自由競争」的資本が必然的に「標準資本集中度」を凌駕した結果，独占資本が形成されるということである**。

*野矢テツヲ『『資本論』における「集積」』同文舘出版，1974年参照。
**本間要一郎氏は，「段階」的移行ないし「段階」なるものを，次のように述べている。「同じ運動主体の内部構造が，その運動の内的論理にしたがってある種の質的変化をとげることと理解する」(本間要一郎『現代資本主義分析の基礎理論』岩波書店，1984年，44頁)。

(B) 資本の3姿態と集積

すでに16.1で資本の3姿態と全体の資本運動をほぼ次のような記号で表現しうるとした。

$$G-W\begin{Bmatrix}A\\Pm\end{Bmatrix}\cdots P\cdots W'-G'\cdot G-W\begin{Bmatrix}A\\Pm\end{Bmatrix}\cdots P\cdots W'-G'$$

① ② ③

したがって，このような貨幣資本→生産資本→商品資本の連鎖的な循環運動

を考慮すれば，①生産資本の集積＝集中には貨幣資本の集積＝集中を不可欠とし，②資本主義的生産システムの内的連関からみて生産資本の集積＝集中が全過程の起動力を担うこと，が銘記されよう。そして，貨幣資本の増大には，信用・株式会社形態での貨幣資本の増大が対応しており，生産資本の増大には重工業化・大規模化や生産の集積が不可欠であり，商品資本の増大には市場支配力のかかわる市場構造の変化が求められるという関連は明白であろう。

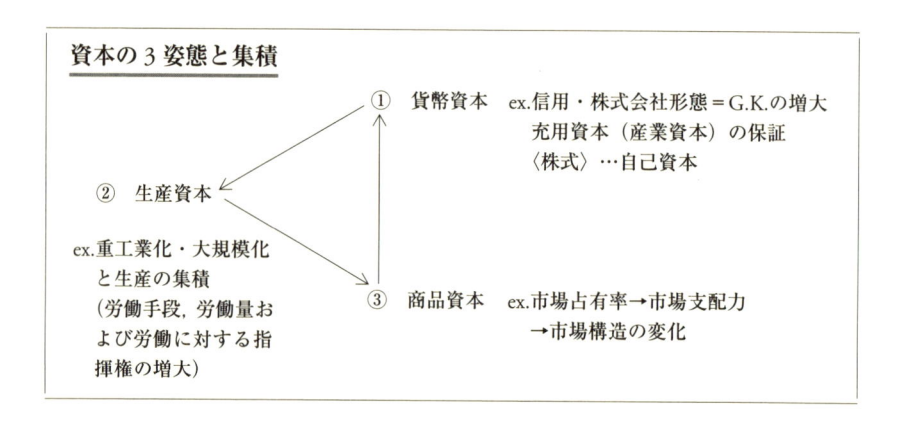

資本の3姿態と集積

① 貨幣資本　ex.信用・株式会社形態＝G.K.の増大
　　　　　　　　充用資本（産業資本）の保証
　　　　　　　　〈株式〉…自己資本

② 生産資本
ex.重工業化・大規模化
　と生産の集積
　（労働手段，労働量お
　よび労働に対する指
　揮権の増大）

③ 商品資本　ex.市場占有率→市場支配力
　　　　　　　　→市場構造の変化

（C）資本の集積＝集中の段階的特質

　上記の①②③のいずれの部面においても「量から質への結節線（点）」を，つまり「自由競争」的資本主義から独占資本主義への移行の契機を確認しうるだろう。つまり，全体として結節線（点）を超えることによって，前段階つまり「自由競争」的資本主義の矛盾の集中的爆発形態たる恐慌と，さらに競争（市場構造を含む），信用という資本集積＝集中促進の要因が加わることによって，新段階つまり「独占」ないし「独占」資本主義への移行が成し遂げられるのである。

24. 独占資本主義の確立と市場機構の変容

以下では，В. И. レーニンによる「独占の歴史」・「独占の４つの主要姿態」を簡単に辿っておこう。

24.1 独占の形成史

（A）レーニンによる「独占の歴史」

「独占の歴史を基本的に綜括すると次のようになる。(1)1860年代と1870年代——自由競争の発展の最高の，極限の段階。独占はやっとみとめられるくらいの萌芽にすぎない。(2)1873年の恐慌以後。カルテルが広汎に発展した時期であるが，それはまだ例外である。それはまだ強固でなく，まだ一時的な現象である。(3)19世紀末の高揚と1900〜1903年の恐慌。カルテルは全経済生活の基礎のひとつとなる。資本主義は帝国主義に転化した」(『帝国主義』宇高基輔訳，岩波文庫版，1956年，37頁)。ここで，レーニンは，「自由競争」的資本主義の極限（頂点）を19世紀中葉に求めたあと，独占資本主義の形成過程を明確に示している。

（B）レーニンによる「独占の４つの主要姿態」

ついで，レーニンは，独占資本主義が帝国主義の経済的本質だとしたうえで，独占の４大発生源を「生産の集積」「原料資源の占有」「銀行」そして「植民政策」だとして，次のように述べている。

「帝国主義は，その経済的本質からすれば，独占資本主義である。帝国主義の歴史的地位は，すでにこのことによって規定されている。なぜなら，自由競争の地盤のうえに，しかもほかならぬ自由競争のなかから成長する独占は，資本主義制度からより高度の社会＝経済制度への過渡だからである。ここでとくに注意しておかなければならないのは，いまここに考察されている時代にとって特徴的な，独占の４つの主要な姿態，あるいは独占資本主義の４つの主要な現象である。／第１に，独占は，きわめて高度の発展段階にある生産の集

積から発生した。それは資本家の独占団体，すなわち，カルテル，シンジケート，トラストである。／第 2 に，独占は，もっとも重要な原料資源——とくに資本主義社会の基本的でもっともカルテル化した産業，すなわち石炭業と製鉄業にとっての——の占有の強化をもたらした。／第 3 に，独占は銀行から発生した。銀行はひかえめな仲介的企業から金融資本の独占者に転化した。／第 4 に，独占は植民政策から発生した。金融資本は，『古くからの』植民政策の多数の動機に，さらに，原料資源のための，闘争をつけくわえた。世界の分割と再分割のためのとくに尖鋭な闘争の時代が，到来したのである［Cf. 1876～1900年・全世界分割の完了］。／独占資本主義が資本主義のあらゆる矛盾をどれほど尖鋭にしたかは，周知のところである。ここでは物価の騰貴とカルテルの圧迫とを指摘すれば十分である」（同上，199-201頁）。

なお，経済学における「独占」概念の理解には，2 つの解釈がありうる。ひとつは字義通りの「独占」理解であって，完全独占ないし市場支配力100％を意味するカルテルやトラスト等を指すとする解釈である。もうひとつは「寡占」を指し，先進諸国の同一産業部面で一定の市場占拠率を持つとはいえ現実には競争を完全には排除しえず各国の制定する「独占禁止法」のもとで機能する一定の社会的責任と「公正な取引」を求められる大企業のなかの一群である。本書の立場は，後者の見解に立つ。

24.2 独占の諸形態

独占の歴史的な形成や発生姿態について前項でレーニンに即して紹介したが，むろん，その後の先進資本主義諸国では独占の目に余る横暴さに対する規制が「独占禁止法」として定着するようになってはいる。しかし，今日でも「公正な」経済活動を侵犯する国際的・国内的な違反行為は枚挙にいとまがないくらい，頻繁に報じられている。この項では，「独占の諸形態」の事実を知るために，主として『経済学辞典』(岩波書店，第 3 版，1992年) を参照しながら，解説しておくことにしたい。

(A) カルテル（英 cartel，独 Kartell）

「同一産業または市場を共通にする企業間での価格，生産数量，技術，品質などの制限を内容とする協定にもとづく結合をいう。資本的結合であるトラストが固い結合（close combination）といわれるのにたいし，カルテルは独立企業間の共謀（collusion）といわれる。」したがって，通常（国家による前述の法律制定以前では），カルテル協定による共同行為の内容による分類では①条件カルテル（付帯的な販売条件や支払条件などを制限するだけのもの），②価格カルテル（最低販売価格を協定するもの），③生産制限カルテル（販売数量や生産数量を制限するもの），④販路カルテル（販売地域を協定するもの）が挙げられる。しかし，このような「制限」カルテル以外にも，加盟企業に対して生産割当や利潤分配を行う中央機関をもつカルテル（プール）までが登場した。レーニンのいうカルテル概念はのちにみるトラストを含む広義のカルテル概念だといえよう。なお，「不況カルテル」は今日でも業種が指定され日本の「不況」対策として合法とされて認められている。

（B）シンジケート（syndicate, Syndikat）

「シンジケートは製品の共同販売にかんする協定にもとづくカルテルの発展した独占形態で，加盟企業の不均等な発展による矛盾［カルテルにおける協定外闘争，割当拡大競争，不況期における協定破棄傾向など］をさけて統制力を強化するために，製品の販売を各加盟企業からカルテル直属の機関に移し，共同販売することにより，生産割当と価格協定の拘束力を強化する結合形態がシンジケートである。」なお，わが国の国債引受銀行シンジケートなど一時的・合法的なシンジケートもある。

（C）トラスト（trust, Trust）

「カルテルと同様，競争制限を主目的とする同一業種の私企業の水平的結合であり，生産制限と独占的高価格の設定，独占的超過利潤の発生をもたらす。しかし，トラストは，カルテルとは異なり，資本的結合を基礎としており，参加諸企業は，統一的指揮のもとにおかれ，たとえそれらが形式的に独立している場合でも，実質上は独立性を失う。」

トラストの主要形態としては，①受託者方式（trustee device）のトラスト（本来

のトラスト，trust proper)。〔代表例：1882年のJ. D. ロックフェラーら9人の受託者に株式を委託したスタンダード石油トラストで，その後，スタンダード石油N. J. は現社名エクソン・モービル〕，②持株会社 (holding company) 方式のトラスト〔代表例：US スティール社。その後，J. P. モルガンの一元支配で，社名変更USX。現在はUS スティール社も鉄鋼大手として再登場しているが，このようなコンツェルン的＝垂直的結合体を含む〕が有名である。とくに日本の場合，「独占禁止法」の改正ごとに従来の法律違反の範囲が緩和され，今日では持株会社は合法的とされてきている。

（D）コンツェルン（独→英Konzern)

「コンツェルンとは，異種産業部門に属する諸企業が単一の資本系列に統括されて形成する縦断的・多角的な独占的巨大企業集団をいう。コンツェルンは独占の最高形態といわれる。」しかし，執筆者の里見賢治氏はさらに「産業資本型コンツェルン」と「金融資本型コンツェルン」に区分され，後者を「典型」だと解釈されているが，この点には疑問が残る。なお，戦前わが国の財閥＝三井，三菱，住友や戦後の6大企業集団（三井，三菱，住友，芙蓉，三和，第一勧銀)。最近の6大金融グループ（三菱UFJホールディングス，みずほホールディングス，三井住友フィナンシャルグループ，りそなホールディングス，三井トラスト，住友信託）と旧6大企業集団の再編に関する研究は現在の大きな課題であろう。

24.3 北原勇氏による独占的市場構造の提起

これまで主としてレーニンの独占形成の素描と独占の諸形態の指摘を概括してきた。また，本書第Ⅰ部では，マルクスが，資本の蓄積過程で生産と資本の集積＝集中が促進されるのは「競争」と「信用」を「2大槓杆」とするとの示唆をも与えてきた。この間隙を埋める学問的功績として，ここでは，北原勇氏の労作（『独占資本主義の理論』有斐閣，1977年）に一言でも触れざるをえない。私見とは異なる見解を部分的に含むが，①独占段階では固有の「停滞基調」が存在するとの提起をはじめ，②J. S. ベインやP. シロス-ラビーニの「参入阻止価格」論の提起に対しては，批判的摂取を試みながらも後出の文献にも掲げた

高須賀義博・本間要一郎両氏の評価とは異なる詳細な検討結果（補論 2. 寡占価格論・参入阻止価格論への若干のコメント）を含めて「参入期待利潤率」を「現行利潤率」（長期平均）よりも引き下げる，独占部門固有の諸要因を究明され，何よりも③独占部門と非独占部門の併存という独占段階固有の構造，すなわちその中核としての「独占的市場構造」を解明されたことを指摘しておきたい．

25. 独占利潤と独占的生産価格の形成

　「自由競争」的資本主義のもとでの平均利潤と生産価格との関連については，すでに18. でみてきた．それでは，独占資本主義の段階では独占利潤と生産価格の関連はどのように変容するのであろうか．独占利潤は，レーニンの指摘に待つまでもなく，多様な源泉を持っている．そこで，独占的産業資本の論理次元での考察に限定しよう．独占価格の定義については，多くの論者が「市場価格次元としての独占価格」という見解でほぼ一致している．したがって，問題は，独占的市場構造をいかに理論的に捉え，市場を介しての独占利潤を規定するかに焦点が合わされている．ここでは，先駆的であったという点で代表的見解を示したルドルフ・ヒルファディングを取り上げよう．なお，マルクスの生産価格概念を独占段階の特質を照射する対比基準として意義があるとする見解を含めれば，手嶋正毅，本間要一郎，松石勝彦，高須賀義博，松田弘三などの諸氏の見解もこれに連なるものといえよう．ヒルファディングは『金融資本論』（改訳上下 2 冊，岡崎次郎訳，岩波文庫版，1982年）のなかで，「カルテル価格は，理論的には，結局，生産価格プラス平均利潤率に等しくなければならない．しかし，この平均利潤率そのものは変化している．それは，カルテル化された大産業の場合と，小産業中の大産業に従属するに至った小部面の場合とでは異なっており，大産業は小産業の資本家から剰余価値の一部分を奪って，彼らの要求を単なる俸給に制限する」（下，123頁）と述べて，カルテル価格を独占価格の現実形態として明示したうえでマルクスの生産価格論を独占分析の基本的

枠組みとして肯定している。さらに独占段階における平均利潤率の変容を次のように述べるのである。「カルテル結成は，平均利潤率における一変化を意味する。利潤率は，カルテル化諸産業では上昇し，非カルテル化諸産業では低下する。この相違は，結合生産とさらに進んだカルテル化とに至らしめる。カルテル化の外にある諸産業にとっては，利潤率は低下する。非カルテル化諸産業で価格がそれらの諸産業の生産価格以下に低落した額だけ，カルテル価格はカルテル化諸産業の生産価格以上に上昇するであろう。非カルテル化諸産業に株式会社が存在する限りでは，価格は $k+z$（費用価格プラス利子）以下には低下しえない。というのは，そうでなければ，資本の投下は不可能であろうからである。かくて，カルテル価格の引き上げは，カルテル化不可能諸産業における利潤率の引き下げの可能性に，その限界を見いだす。非カルテル化諸産業の内部では，ここでは種々の投下部面をめぐる資本の競争が存続することによって，より低い水準への利潤率の均等化が行われる」（下，123-124頁）[*]。

[*]「独占価格・独占利潤論」を中核とする独占理論をより深く検討するための基本的な文献を掲げておこう。

白杉庄一郎『独占理論の研究』ミネルヴァ書房，1961年。

高須賀義博『現代価格体系論序説』岩波書店，1965年。

手嶋正毅『日本国家独占資本主義論』有斐閣，1966年。

鶴田満彦『独占資本主義分析序論』有斐閣，1972年。

松石勝彦『独占資本主義の価格理論』新評論，1972年。

本間要一郎『競争と独占』新評論，1974年。

北原勇『独占資本主義の理論』有斐閣，1977年。

松田弘三『危機にある独占資本主義の基礎範疇』忠誠堂，1982年。

一井昭「平瀬・白杉論争とその今日的意義」立命館大学経済学会編『立命館経済学』第44巻第3号，1995年8月。この論文は本書の補論「独占資本主義の理論」として収録した。原題は副題として残した。

26. 「自由競争」的価格と独占価格との関連

　独占価格は，『資本論』体系における生産諸部面に限定された論理次元での「生産価格」ではなく，むしろ社会的需給関係を含む「市場価格」の範疇に属するものと考えられる。そうだとすれば，独占利潤もK+Pによって示される生産価格を構成するP（平均利潤）と直接に対比しうる同一の論理次元で論じることはできない。

　それゆえに，独占理論の一部にあるような「独占価格は生産価格以上に吊り上げられた価格だ」とか，「独占利潤は平均利潤を超過する利潤部分だ」という規定の仕方は，その規定の背後にある論理の展開を問題にすることなしに，その当否を語ることはできない。もしこの規定に妥当する側面があるとするならば，その表現が多くの中間的な媒介項を省略してはいるが，『資本論』体系の諸範疇が独占価格・独占利潤の解明についての「対比基準」として，きわめて本質論的・認識論的基準を依然として提供しているとする主張だという点にあろう。そこで，「資本一般」の論理次元における主として産業資本の商品価格の規定原理にかかわる「平均原理」と農業資本の「限界原理」との関係を検討し，これを固定的に捉えることなく，「平均原理」の場合においても短期的には需要がある限り限界企業にとっての平均利潤は獲得可能であることを論じて，独占段階における市場価格の規定に適用する見解を明示したのが白杉庄一郎氏の「自由競争価格」論であった（一井昭編『白杉庄一郎　価格の理論・景気循環論』中央大学出版部，1989年の第2章）。私は，白杉理論には，競争要因や生産過程における技術革新要因のやや「過度の」重視といった問題点もあるが，今日でも一定の意義を有していると考えている。

独占理論略史

A：古典的諸規定／B：第二次世界大戦以後の展開

A：古典的諸規定

①マルクス

「自由競争」的資本主義ないし「資本一般」分析の理論体系の枠外にあるものとして，独占価格・独占利潤を「自然独占」ないし「人為的独占」の対象として，独占的市場供給支配力と支払能力のある需要（有効需要）の関係として示した。

②ヒルファディング

最新の資本主義の支配的資本を金融資本と把握したうえで，独占価格・独占利潤をカルテル化産業における価格・利潤論として扱い，従来の自由競争は非カルテル化産業のみに残存すると考え，旧来の資本主義の経済法則，とりわけ生産価格・平均利潤法則の二重化説を提起した。

③レーニン

独占資本主義を帝国主義段階のもとにある資本主義の下部構造だとみなしたうえで，「支配と強制」の理論体系を明示した。したがって，彼によれば，独占価格・独占利潤は，カルテルによる支配強制価格（指令価格）・詐欺譲渡利潤としてのそれぞれの性格規定が強調されるところとなっている。

④スウィージー

独占資本主義のもとにおける価格・利潤法則は，自由競争段階におけるような平均化作用をその内部に含まない。そのため，総じて独占資本主義のもとにおける法則は，定量的には確定されえず，ただ定質的性格を有すると主張している。ただし，戦後の一論文のなかでは，多少の修正意見を表明している。

⑤近代経済学諸理論

近代経済学の伝統的な理論に対して，E. H. チェンバリン，J. ロビンソンがそれぞれ，独占的競争の理論，不完全競争の理論を提唱した。

B：第二次世界大戦以後の展開

①スターリン

独占資本主義の基本的経済法則の解明の必要を唱え，独占利潤を剰余価

値法則の具体化としての最大限利潤の法則を主張した。ただし，「最大限利潤の法則」に対してはロン・ベラミーなど多くの論者の批判を呼んだ。

②平瀬巳之吉／松石勝彦

　独占資本主義の経済理論は自由競争・完全競争の彼岸に確立されるべきだと強調する点は両者に共通である。ただし，『資本論』の論理のいわば対極をなす論理として自らの理論を体系化したのが前者であり，後者はその論理の変容として，剰余価値再分配説で自らの理論体系を一貫させているように思われる。

③白杉庄一郎

　前説が独占段階における競争の側面を軽視し，かつ極度に流通部面における剰余価値再分配を主張しているのに対し，白杉氏は独占の生産過程部面に注目した「特別剰余価値の固定化」部分を独占利潤の基本的源泉だと主張した。

④シロス-ラビーニ／フランコ・モデリアーニ

　寡占理論の展開のなかで，シロス仮説や寡占価格＝参入阻止価格論を提示した。

⑤高須賀義博／本間要一郎／北原勇

　独占資本主義段階を競争による平均化機構を喪失した資本主義だと裁断し，『資本論』にいう生産価格・平均利潤範疇自体の現実的意義を否定し，それらの範疇は「自由競争」的資本主義に論理的に対比しての独占段階の「理論基準」にとどまると考える点で共通の立場にあるとみられるが，高須賀氏は独自の「異時比較分析」の手法により独占段階では剰余価値・利潤法則一般の意義を認めるにすぎないところまで後退したのに対して，本間氏は氏独自の「競争論（市場価値・市場価格論）の具体化」視点で，北原氏も独自の「独占的市場構造分析」視点で，それぞれ戦後の諸説を批判的に摂取し発展させているように思われる。

27. 独占段階における平均利潤率

　それでは，論理的に，『資本論』体系で用いられている諸範疇と現実の独占価格・独占利潤解明のための中間的媒介項をどのように埋めたらよいのであろうか？　そのための手がかりとして，ここで，われわれは F. エルスナーによる諸説の整理（Fred Oelßner, Ein Beitrag zur Monopoltheorie, in *Probleme der politischen Ökonomie*, Bd. 3, Akademie-Verlag, Berlin, 1960.〔この論文の68-89頁の第4節《IV. Monopolpreis und Monopolprofit》の部分は，フレット・エルスナー「独占価格と独占利潤」手嶋正毅校閲，櫻井富雄・吉田伸雄・森哲彦・鶴谷利一・清水潤也・一井昭訳として，『立命館経済学』第16巻第2号，1967年7月に訳載されている〕）に認められるような基本的な理論問題に立ち向かう必要がある。諸課題の中心をなすと考えられるのは，独占段階における平均利潤法則・生産価格法則の貫徹の可否を問う（もちろん，貫徹の可否にかかわる法則の作用の仕方や様式という論点を含む）ということである。

　フレット・エルスナーは独占資本主義のもとでの平均利潤率の作用に関する諸説を整理して，次の4つに分類した。ただし，区分した名称や記号は原文どおりではない。

①何らかの意味での平均利潤率の貫徹説
　（a）平均利潤率の法則は作用を続ける。その貫徹はきわめて困難であるが，結局，統一的社会的平均利潤率が貫徹するとする説（メンデリソン，モトウィリョフ，ヘンベルガー）
　（b）2つの相異なる平均利潤率，つまり，独占部門の平均利潤率と非独占部門の平均利潤率が存在するとする説（ヒルファディング，ヴィゴツキー，ブラウン）
　（c）平均利潤率は非独占部門には存在するが，独占部門には存在しないとする説（ベーレンス）

②非貫徹説
　（d）平均利潤率はもはや一般には存在しない。なぜならば，それは独占資本

主義の本質と矛盾するとする説（テュリパーノフ，カールワイト，〔見田石介〕）
方法論的特質1：①(a)→(b)→(c)→②(d)へと移るにつれて，現象面の一部の際立った特徴に近づいているようにみえるが，逆に理論的枠組み＝抽象の範囲が狭くなっている。そこで，(1)マルクスは果たしてこのような意味で，あるいは論理次元で平均利潤・生産価格論を展開しようとしているのか，(2)理論体系モデルと現実そのものの関係はどのようにして統一的に整序しうるのか，という難問にぶつかる。

方法論的特質2：①(a)説は，競争（ただし，底流としての潜在化を含む）要因ないし無政府的生産という資本主義の本質一般の把握を重視する。ここから，独占利潤の基本的部分を特別剰余価値部分に求める傾向が強くなる。これに対して，①(b)(c)②(d)説は，現象面を重視するという共通視点をもつが，現象のどの側面に力点を置くかによって相互に対立している。これらの説には，独占利潤の源泉について，流通過程における社会的総剰余価値の再分配という共通認識が存在する。

私の見解を提示しておこう。上記4説のうち，貫徹説の(b)説が現象面ではより説得的であるが，底流としては，したがって根本的には(a)説の主張がかなり複雑な媒介項を必要とするが独占段階でも妥当しているように思われる。
論拠：①まず，「資本一般」の論理体系とは，資本間の自由で完全な競争を前提とする。その含意は，歴史的な発生史的考察に妥当すると同時に，競争条件の持続する資本主義社会全史に共通する本質を表現する。②しかし，資本と生産の集積の一定段階に到来する独占資本主義段階では，支配的資本（＝独占資本）が他の諸資本を構造的に再編し，しかも潜在的な過剰生産体制のもとでの，(a)一定の競争条件の変容（独占的市場構造の形成，参入障壁＝参入阻止価格＝独占的高価格）とともに，(b)科学技術上の熾烈な競争（特別剰余価値＝特別利潤の問題）を激化させ，さらに(c)国際価値法則（「強められた労働」＝国際間の労働生産性格差重視か，国際的価値収奪重視か）という難問が加わる。③したがって，(a)だけに着目すれば，独占価格・独占利潤論は，「意図された」過剰生産能力の調整と従来の生産価格以上に吊り上げられた独占的生産価格論

によって説明され，(b)のみに注目すれば，独占価格・独占利潤論は，特別剰余価値固定化説となり，さらに(c)の局面は，独占価格・独占利潤論は，それぞれの論拠によって，一方は地球大的な規模での生産利潤説，あるいは他方では国際的な詐欺瞞着的な収奪価格・収奪利潤説となろう。④私は，上記②の(a)(b)(c)はいずれも，それなりの根拠をもっていると考える。しかし，独占段階といえども，資本主義のもとでの長期的社会的生産力増大の傾向と競争条件の継続は基調として保持している，と考える。⑤したがって，私見をまとめれば，独占資本主義段階でも，上記②の(b)技術革新競争は基本的には貫いており，(c)の生産利潤説を重視すれば，(a)の競争条件の変容は流動的であり，長期的には平均利潤法則は貫徹する，というべきことになろう。

28. 株式会社制度の普及

28.1 株式会社成立史

　近代的株式会社とは，有限責任制をとり，株式の自由譲渡を特徴とする。それ以前は，イギリスの東インド会社など，〈特許状〉・〈法人格なき会社〉を特徴とした。つまり，株式会社の歴史は，特許主義→免許主義→準則主義（近代的株式会社）と推移してきたのである。主要先進国における株式会社制度の普及をたどっておこう。イギリスでは，1862年会社法（とくに，1870年代の綿糸業・鉄鋼業）が先陣を切る。フランスでは，1867年会社法，ドイツでは連邦国家であるためにまず，プロイセンの1838年鉄道事業法→1852〜57年の企業設立ブームとなるが，ドイツ全体の制度としては，1862年普通ドイツ商法，1870年第一次株式会社改正法（準則主義…会社設立のために，一定の法的要件を満たせば，監督官庁の許可は不要だとされる），1884年第二次株式会社改正法という順序を経た。アメリカ合衆国では，最初にニュージャージー州が1875年事業目的の制限を撤廃し，全国的には1888年に持株会社までが設立を認可されることになる。そして，日本では，1872（明治5）年の国立銀行条令

によって銀行業に株式会社が認可されたのを皮切りに，1893（明治26）年には旧商法の一部施行によって，銀行業以外の他産業に株式会社の設立が拡大されることになった。とくに，イギリス・ドイツなどの鉄道業・鉄鋼業の発展に基礎づけられた植民地拡大策には注目すべきであろう。

28.2　株式会社の本質と諸機能

　このように株式会社の設立は，ちょうど資本主義の発展が重工業部門に比重を移す時期に対応して誕生したのである。理論的には株式会社の本質と諸機能にも触れておかねばならないだろう。第1に，巨大固定資本（第Ⅰ部門，重工業）と株式会社制度との発展的対応が考慮されねばならないが，第2は，株式会社＝擬制資本（フェティシズムの極限）であり，そのことはマルクスもすでに指摘していたところである。それは，①配当の利子化と，②資本そのものの商品化であり，配当を一般利子率で除せばあたかも有価証券に過ぎない株式が実体をもつ資本のように資本還元されるところにまで商品のフェティシズムが進展（資本の商品化）してきたことを意味している。例えば，ヒルファディングはその著『金融資本論』のなかで，創業者利得の源泉を「利潤生み資本の利子付資本形態への転化」によって説明し，創業者利得（Grundergewinn）を明らかにした。創業者利得は，株式の時価マイナス額面価格で表現されるが，現代では投機利得やキャピタルゲインとの関係がより重要である。また，株式会社制度の機能としては，上記の事柄と密接に関連するが，資本主義のもとでの①資本の可動化（Mobilisierung）＝社会的遊休貨幣の資本化をもたらすと同時に②相対的には少数資本所有（者）による多数資本に対する支配を可能にしたのである。

29. 金融資本の定義

　金融資本の概念を正確に理解しておく必要があろう。それは，古典を読む場

合でもヒルファディングとレーニンの場合には相違しており,「2008年世界恐慌」の特徴づけにも金融資本主義なる用語が使用されている場合があるからである。ここでは,ヒルファディングとレーニンの定義を掲げたうえで,後者の用法を本書では用いることにしたい。

　まず,ヒルファディングは,「産業の資本のますます増大する一部分は,これを充用する産業資本家のものではない。彼らは銀行を通じてのみ資本の処分権を与えられ,銀行は彼らにたいして所有者を代表する。他面,銀行は,その資本のますます増大する一部分を産業に固定せざるをえない。これによって,銀行はますます大きい範囲で産業資本家になる。かような仕方で現実には産業資本に転化されている銀行資本,したがって貨幣形態における資本を,私は金融資本と名づける」(『金融資本論』岡崎次郎訳,岩波文庫版,下,1982年,111-112頁)と述べている*。

　　*ヒルファディング『金融資本論』の研究には,高山満氏による多数の労作(その多くは,『東京経大学会誌』所収)を読まれたいが,初学者には飯田裕康ほか『ヒルファディング金融資本論入門』有斐閣新書,1977年を薦めたい。他の労作としては,森岡孝二『独占資本主義の解明(増補新版)』新評論,1987年および中田常男『擬制資本論の理論的展開』未来社,1993年,同『金融資本と独占の理論』未来社,1993年がある。

　これに対して,レーニンは,次のように述べるのである。「この[ヒルファディングの]定義は,そのなかに,もっとも重要な契機のひとつ,すなわち,生産と資本の集積は,それが独占にみちびきつつあり,またすでにみちびいたほどに高度に達している,ということにたいする指摘がないというかぎりで,不完全である。しかし,一般にヒルファディングの叙述全体のなかでは,とくにこの定義がとりだされた章のまえの2つの章では,資本主義的独占の役割が強調されている。／生産の集積,そこから発生する独占,銀行と産業との融合あるいは癒着——これが金融資本の発生史であり,金融資本の概念の内容である」(『帝国主義』宇高本基輔訳,岩波文庫版,1956年,77-78頁)*。

　　*レーニン『帝国主義論』の研究書は多数あるが,原田三郎・庄司哲太『帝国主義論コメ

ンタール』ミネルヴァ書房, 1973年を薦めたい.

　このように, レーニンは, ヒルファディングの研究を評価しつつも, 金融資本の定義を行うに際して, 直接的生産過程の段階的変化を基礎とした分析を重視したのである. したがって, 金融資本成立史を念頭に置いたレーニンの『帝国主義論』の論理展開では, 第2章「銀行とその新しい役割」のなかで, 銀行資本の機能が①当座勘定を介した手形割引, ②営業状態を精密に知りうる可能性を介し, 「参与」制度＝人的結合をモメントとする銀行資本と産業資本との融合を述べ, さらに金融寡頭制 (Finanzoligarchie, financial oligarchy) への現実の進捗を分析することが可能になったのである.

30. 資本輸出と古典的帝国主義

　資本主義の発展は, 外国貿易つまり商品の輸出 (入) の普及から資本の輸出 (入) へと転成するといってよいだろう. もちろん, 「自由貿易帝国主義」論者が主張するように, 商品の輸出から截然と資本の輸出を歴史的に区分することには, 慎重さが必要である.
　ともあれ, 「自由競争」的資本主義と独占資本主義 (古典的帝国主義) 段階とを区別する指標のひとつは, 資本輸出の必然性の論理的変化と資本輸出の諸形態の区別にあるように思われる. ここでは, 簡潔にマルクス, ヒルファディング, レーニンの諸見解を整理しておこう.

30.1　資本輸出の必然性の展開

(1) マルクスは資本輸出の根拠を, 長期的には資本主義的生産諸力の発展に伴う「利潤率の傾向的低下法則」を前提としながら, 短期局面としては資本の絶対的過剰生産＝恐慌局面に求めていたと解釈される.

(2) ヒルファディングは, 独占と帝国主義の段階に向かいつつある資本主義

を分析して，重工業部門での固定資本巨大化傾向とカルテル化産業の独占価格設定に注目して，①独占利潤獲得と②（カルテル）保護関税＝輸出奨励金とが「より高い利潤率」を求める資本輸出を促進すると述べている。
(3) レーニンは，「古典的」帝国主義体制確立期における「資本輸出」の位置づけを明示した。つまり，帝国主義列強による地球の領土的分割の完了を前提として，その分割は経済的には金融資本による「支配と強制」の網の目（政治と経済の結節点）の核をなすものとしての資本輸出（とくに不均等発展と証券投資を重視）に支えられると考えた。

30.2　資本輸出の諸形態

ヒルファディングは，『金融資本論』第5篇第22章において，独占資本主義段階の資本輸出の2形態を次のように，①利子を生む資本と②利潤を生む資本とに明確に区分しうるとした。前者は，貸付貨幣資本（銀行資本とその預金による短期資本投資，証券市場にある貨幣資本による長期証券投資）であり，後者は，「産業資本，商業資本，銀行資本のいずれかとして機能」し，「資本輸出の条件は，利潤率の相違」あるいは「高い利子」（『金融資本論』前出訳書，下，297-299頁参照）と述べたのである。

第Ⅲ部

国家独占資本主義の理論
Theory of State Monopoly Capitalism

　「国家独占資本主義の理論」とは、「資本一般の理論」や「独占資本主義の理論」とどこまでが同じで、どこが異なるのであろうか。国家独占資本主義の論理的段階とは、「資本一般」とは区別されたより高度な「独占資本主義の段階」の一小段階のことであり、独占資本主義の再生産構造では自らを維持することが困難となり、国民国家の全面的な経済過程への介入=支援を必要とする段階のことである。とはいえ、国家独占資本主義もむろんのこと、資本主義という基底的同質性を保持しており、独占利潤追求のための独占資本間競争は、むしろ「資本一般」の論理段階よりも現実には激烈な競争形態を存続させている点に変化があるわけではない。しかも、歴史的には国家の独占資本主義の再生産構造への全面介入は、第一次世界大戦で準備され、1929年の大恐慌を契機に本格的に展開され、一国的な戦時(ないし戦間期)国家独占資本主義を経て、第二次世界大戦後は「パクス・アメリカーナ」の世界政治経済秩序の形成・確立期、相対的安定期、動揺期と重なる。この戦後過程では、冷戦と並行して、ケインズ主義的蓄積レジームが「原型IMF」体制と共存してきたが、70年代半ばのIMFの根本的変質とともに新自由主義的蓄積レジームに転換した。留意すべきは、国家独占資本主義の論理は、歴史的過程を重視するが、それらを単に辿ることでは決してない。

31. 資本主義の危機と国家独占資本主義

31.1 理論的課題

　国家独占資本主義の構造とは，一体どのようにして誕生せざるをえなかったのかを明らかにすることが最大の理論的課題である。これとの関連で1928年のコミンテルン（Comintern）第7回大会で採択された綱領に由来する「全般的危機論」は，その後のマルクス主義の科学的な学問的営為と情勢分析を誤らせ*，傷つけたことに照らし，否定されなければならない。せいぜい，「資本主義から社会主義への移行の世界史的時代を総括的に表現する，いわば時代認識の概念」（『現代と思想』第18号，青木書店，1974年12月，佐々木建論文）にとどまるだけであろう。

　　*いわゆる「全般的危機論」は，И. B. スターリンの1930年の政治報告における「4大矛盾」論の原型をなし，1952年の『ソ同盟における社会主義の経済的諸問題』（スターリン全集刊行会訳，国民文庫，1953年）における諸論文の誤り（とくに単一世界市場崩壊論と資本主義の全般的経済停滞説）や全般的危機論におけるソ連中心思想，さらには資本主義の全般的危機の第3段階論の誤りに繋がった。

31.2 歴史的対象

　ここでは，第一次世界大戦の基本的性格を帝国主義諸国間の戦争というB. И. レーニンの規定が妥当性をもつと考える。そして，諸列強間の領土再分割の闘争は，国家が独占資本の意向に沿って国民と経済力を総動員することによって可能となった。このときから国家独占資本主義が歴史的にその幕を開くのである。したがって，戦時（ないし戦間期）国家独占資本主義とも呼称されている。これは，国家独占資本主義の第1期の登場である。第二次世界大戦後は，種々の国際機構を設立することによって世界政治経済秩序としてのパクス・アメリカーナ期が基本的には今日まで継続しているが，この期間は1970年代央を境としてそれ以前の国家独占資本主義の第2期（ケインズ主義的国

独資)と第3期(新自由主義的国独資)とに区分できると考える。全期にわたる特徴は，国家の経済過程への介入がGDPに占める公的支出の高い比率を示し，かつ産業構造の軍事化を伴っていることである。しかし，第1期と第2期との差異は概して資本蓄積のパターンが労働分配率や福祉の向上を伴っていたか否かにある。

32. 国家独占資本主義の定義

32.1 国家独占資本主義の概念をめぐって

　国家独占資本主義の概念については，レーニンの先駆的な提起をはじめとして，国家独占資本主義論略史でも簡単に紹介しているように，それぞれの論者によって異なっている。例えば，レーニンは，1917年5月を境として彼の用語法が進展し，それ以前の国家資本主義概念がそれ以降では国家独占資本主義概念に変化したと解釈する，小松善雄氏の研究成果がある(「レーニンの国家独占資本主義概念について」，『国家独占資本主義の基礎構造』合同出版，1982年)。小松氏によれば，その概念の転換の根拠は，「ロシアの砂糖シンジケート」の評価に懸かっており，(A)企業・産業レヴェルでの国有企業(専売事業)経営概念から(B)社会・経済体制レヴェルでの「生産関係」概念への変化による(レーニンが1917年9月執筆した「さしせまる破局，それとどう闘うか」など)というものであった。

　他方，日本でも多数の論者が国家独占資本主義の概念をめぐって，積極的な議論を展開したが，ここでは注目すべき見解として，国家的独占を中核ないし主要な環とする国家独占資本主義論に，(A)国有企業所有形態を中軸とする国家独占資本主義概念(手嶋正毅説)と(B)国家的統制による国家独占資本主義概念(池上惇説)とがあったことを振り返っておくだけで十分であろう。また，独占資本主義から国家独占資本主義への転化の必然性と資本主義の体制的危機との関係については，手嶋正毅氏が明らかにしたように(「利潤率低下の阻止要因としての独占の意義と限界」，『立命館経済学』第15巻第1号，1966年4月)，①不可欠の目

的が独占的超過利潤の保証にあること，②転化の原因はあくまで社会の根底を規定する経済法則という意味での，利潤率（とくに独占利潤率）の傾向的低下の緩和ないし阻止にあること，③促進条件としての戦争や資本主義の体制的危機を考慮すること，の3点を明確に区別したことも重要である。

32.2　国家独占資本主義の定義

そのうえで，国家独占資本主義の定義を与えることにしよう。以下の2つの定義が考えられるが，後者の定義の方がより包括性を持っていると考えられる。

第1は，レーニン（1917年）の定義である。

「このグループ［ドイツの独占資本家グループ］は，資本主義的生産の国家化の原理，すなわち，資本主義の巨大な力と国家の巨大な力とを単一の機構に——幾千万人の人々を国家資本主義に組織する単一の機構に——結合するという原理をもたらした」（「戦争と革命」，邦訳『レーニン全集』第24巻，大月書店，1957年，429頁）。

第2は，フランスの学者たち（1971年）のより柔軟な定義である。

「別様にいえば，独占体と国家との間には，融合でもなく分離でもなく，それぞれが固有の役割を担いつつも，資本蓄積と集積を展開し，資本主義的搾取を強め，諸独占グループの利潤を増大させるという，同じ目的をもった密接な相互関係が存在する。とはいえ最終的には支配的役割は独占体に属している」（フランス共産党中央委員会経済部，『エコノミー・エ・ポリティーク』誌共編『国家独占資本主義』上，大島雄一ほか訳，新日本出版社，1974年，23頁）。

32.3　国家独占資本主義の3形態

これまでの資本主義の歴史的な最新の発展段階を国家独占資本主義だと理論体系的にも把握することが許容されるとすると，その国家独占資本主義論はいかなる世界史的現実を反映すべきなのか，また固有の理論的な問題はどのような範囲にまで及ぶべきか，という難問に遭遇する。それはまた言葉を換えて表現すれば，次々に生じている新しい経済的諸現象を分析・研究する「現状分析」と如何なる関係にあるかという問題でもある。

私は，以下に述べるように，「現状分析」のなかに登場するかなり普遍的な経済事象については，国家独占資本主義論の拡充としてその枠組みを絶えず検討していくべきだと考えるようになってきている。このような観点から，第二次世界大戦後の世界政治経済秩序としてのパクス・アメリカーナの変遷や資本主義の多様性として語られる場合の主要先進資本主義諸国等のタイプ分析までも国家独占資本主義論の体系のもとで研究しなければならないということになる。

　したがって，国家独占資本主義には現在までのところ，(1)第一次世界大戦時の戦時（ないし大戦間）国家独占資本主義期，(2)第二次世界大戦後1970年代央までの「ケインズ主義的」国家独占資本主義期，(3)1970年代央以降現在まで継続する「新自由主義的」国家独占資本主義期，という3期ないし3形態を包括する概念でもある*。

　　*この点を積極的に提示しようとしたのが，次の2論文である。
　　　拙稿「グローバル化と国民国家──国家独占資本主義論の有効性」一井昭・渡辺俊彦編著『現代資本主義と国民国家の変容』中央大学出版部，2009年。
　　　拙稿「経済のグローバル化と国際機構」篠田武司・西口清勝・松下冽編著『グローバル化とリージョナリズム』御茶の水書房，2009年。

33. 国家独占資本主義の機構と政策 ──機能の全体像の素描

　ここでいう国家独占資本主義の機構とは，(1)国家的独占の機構の連鎖，(2)国民国家の基本的政策推進のメルクマール，さらに(3)国民国家の経済的権限に言及することによって，総体として国家独占資本主義の機能の全体像を明らかにすることである。

　(1)国家的独占の機構の連鎖
　国家的独占のドミナントループ（Dominant Loop）を根拠づけるのは，やはり

新しい質の所有形態を表現する国家所有，とくに国家的金融機関を中軸とする国有企業であろう。さらに，それを補完するサブ・ドミナントループ（Sub-Dominant Loop）を形成するのは，①国家消費市場，②国家管理・統制・調整（「調整」には国家の正統性にかかわるが，国民全体の要求に応えようとする社会保障・医療・教育などの分野を含む）。ここから国家にとって，「蓄積レジーム」を本来の独占的超過利潤保証の中心軸とし，「雇用レジーム」や「福祉レジーム」等を組み合わせ，総合化する必要性が生じる。

(2) 国民国家の基本的政策推進のメルクマール

従来の国家独占資本主義確立の重要な指標とされた管理通貨制の評価（「恐慌回避策」とする大内力説はこれの過大評価であるが）にもかかわるが，国民国家がとくに国内から国際的な政策へと基本的な経済的措置ないし管理政策を「開放」していった順序，通貨→貿易・為替→資本（共同市場）には注意を払うべきであろう。

(3) 国民国家の経済的権限

これらは，国民国家の具体的な経済的権限が独占資本を救済している方向と程度を測定するためにも基本的な問題群からなっている。

① 国民所得（ないし国内総生産）の直接的吸収ないし収奪（国家権力の介入；徴税・関税権）。

② 国民所得（ないし国内総生産）の再配分政策

　ⅰ．補助金・助成金の形態での独占体への重点的原資配分

　ⅱ．経済軍事化（産業構造の民需型から軍需型への改変）

　ⅲ．財政・金融面，国家的プロジェクト等による大企業優遇策等

34. 戦後世界政治経済秩序の変遷
——「パクス・アメリカーナ」をめぐって

パクス・アメリカーナ（Pax Americana）の展開は，(1)形成・確立期（1941〜

47年），(2)相対的安定期（48〜70年），(3)動揺期（71〜91年），(4)パクス・コンソルティス（Pax Consortis）へ向かって（91年以降，ただし91年〜現在はネオ・パクス・アメリカーナ期）に区分できる。むろん，この間には米ソ冷戦体制（1947〜91年）が介在する。

(1) パクス・アメリカーナの形成・確立期

この期の特徴は，戦後の世界政治経済秩序の今日まで持続する基本的な「原型」を確立したことにある。①政治，②経済，③軍事の国際機構を中心に整理しておこう。もっとも，①②は1947年までに，③は49年から51年にかけて整備されるという時期的なズレを含む。

①政治機構——米英首脳は1941年に「大西洋憲章」（戦後の平和秩序・安全構想8項目）を宣言し，さらに44年「総合的国際機構の設立に関するダンバートン・オークス提案」（米英ソ中）で国連憲章の原型が合意され，45年に連合国50ヵ国が参加した「サンフランシスコ会議」で「国連憲章」が採択され，45年10月には国際連合が正式に成立した。国際連合は，普遍的国際機構としての総会，各専門機関，事務総長の「勧告権」をもつ事務局を備えたが，主要戦勝国，米英仏ソ中が拒否権を発動しうる安全保障常任理事会体制が最大の問題点であろう。

②経済機構——IMF（国際通貨基金）とIBRD（国際復興開発銀行，通称世界銀行）の2つの国際機構が重要なので，この2つの機構の成立の経緯を簡単に辿っておこう。1944年7月，米国ニューハンプシャー州ブレトンウッズで開催された44ヵ国参加の連合国通貨金融会議で，両機構の設立協定が調印された。IMF協定は45年12月に発効し，47年3月から業務を開始し，IBRDも46年6月に開業した。ほかに，この2機構を補完するものとして，GATT（関税と貿易に関する一般協定）が48年1月に発効し，次期に跨るがIDA（国際開発協会，通称第二世銀）が60年10月に発足する。IMF・GATT体制（ブレトンウッズ体制とも呼ばれ，この戦後初期のIMF体制を私はとくに「原型IMF」体制と位置づけているが，金とドルとの交換，ドルと各国通貨との固定為替レート制を据えた点が重要である）とは，これら国際経済機構の総体を指している。

③軍事機構——当初の世界平和と「枢軸国」の武力放棄の目標を達成する時期であり，米ソの対立は表面化していない。しかし，1947年3月に米国は「対共産圏封じ込め政策」を明確にしたトルーマン・ドクトリンを発表して，米ソ対決いわゆる冷戦体制が形成され始めるが，実際の軍事網が張り巡らされるのは次期においてであった。

(2) パクス・アメリカーナの相対的安定期

この期間の特徴は，前期の発展過程として米国主導の世界の政治経済秩序が国連やブレトンウッズ体制の実質化によっていっそう固められるとともに，踵を接して米ソ冷戦体制も並進することになったことである。すなわち，パクス・アメリカーナの確立には，全世界に張り巡らされた軍事網も不可欠な構成要因をなした。まず，1949年，米加ほか欧州10ヵ国で調印されたNATO（北大西洋条約機構），OAS（米国と中南米19ヵ国，48年調印），ANZAS（アンザス条約，米国・オーストラリア・ニュージーランド，51年調印）といった集団的安全保障機構や日米安保条約（51年調印），米比相互防衛援助条約（51年調印），米韓相互防衛条約（53年調印）などの2国間軍事条約から成っている。それに対して，ソ連は影響力の強化を狙って，NATOに対決するワルシャワ条約機構（55年5月調印），マーシャル・プラン（欧州復興開発計画）ないしその継承実施機構たるOECD（経済協力開発機構）に対抗したコメコン（経済相互援助機構，49年1月）がソ連を中心に結成され，一定の拮抗力を発揮する。40余年後の1989年の「東欧革命」による中東欧社会主義国家の崩壊と1917年のロシア革命後70余年を経た91年のソ連の国家解体まで，冷戦体制は継続した。米国の経済覇権は，日本や欧州諸国（とくに西独やイタリア）の高度成長という資本主義経済の不均等発展の結果，さらには米系多国籍企業の海外進出とヴェトナム戦争敗北により，米国内経済の構造と対外競争力は弱体化していく。60年代後半には，米国の国際収支悪化は加速し，ドゴールの金保有戦術も手伝い，金の二重価格制（68年）を採用するも，ドルの流動性危機を頻発させる事態にも遭遇するにいたった。しかし，この期の前半には，世界の政治・経済・軍事に占めるアメリカの圧倒的支配力を背景に，文字どおり「パクス・アメリカーナの相対的安定」が持続

したのは，米国経済が国内的にも「蓄積レジーム」と「福祉レジーム」が同時に作動したことが大きい。

（3）パクス・アメリカーナの動揺期

パクス・アメリカーナの動揺期が遂に訪れる。1971年8月，ニクソン米大統領は，「金とドルとの交換停止，輸入課徴金10％，賃金・物価90日間凍結，対外援助10％削減」などを一方的に発表し，一連の米国内経済低落防止策をとるに至る。これらは，米国にとっては，同年中には対外純債務国に転落し，貿易赤字国に転じる事態に陥ることが明白であり，それを先取りして可能な限り事前に危機的経済状況を立て直さざるを得ない措置でもあった。年末のスミソニアンでの10ヵ国蔵相会議では，多国間為替相場調整（金1オンス35ドルから38ドルへのドル切り下げと，円16.38％など黒字国の対ドルレート切り上げ）と上下各1％から2.25％への為替変動幅の拡大が合意された。これは，米国が金・ドル交換停止のもとで，固定レート制の再編をはかろうとしたものである。

スミソニアン協定のさいに設置されたIMF暫定委員会は76年1月に協定改正案をまとめた（キングストン）。変動相場制の正式承認，金の公定価格廃止，SDRの金基準の廃止決定（78年4月発効）へと続き，いっそう米国の基軸通貨特権を打ち固める人為的な国際通貨制度へと変質していったのである。このような事態を招来した根本的な要因は，アメリカの世界経済に占める地位の低下と逆にEU（当時のEC）諸国，日本の台頭（その後，97年末の日本の対外純資産は世界一となり，しばらくはその地位を維持した）であった。これらの帰結は，「原型IMF」体制の崩壊であった。

（4）パクス・コンソルティスに向かって

このパクス・コンソルティスへの過渡期はすでに部分的には始まっている。例えば，先進国サミットの開催，プラザ合意，G5からG7（さらにはG20）への拡大という流れによって，あるいはコンソシエーショナル（「主権協調主義的」）な国際機構の発展にそれは認められよう。しかしながら，領有的な伝統的国民国家（Nation-State）体系は厳然と存在を続けており，各国はその国家権

力（State-Power）を全面的には委譲しようとはしていない。国民国家は世界規模での経済的・政治的・軍事的・文化的な構造変化に応じ，また前者の流れの強弱によって，部分的に変容しつつあるとはいえ，「2008年世界恐慌」に対処してのEU首脳や第3回IBSA首脳会議でのIMF機構改革をめぐる議論の動向，中南米諸国，さらには「世界社会フォーラム」，南米防衛理事会などに認められる反米・反グローバリズム的共同体構想（米州ボリバル代替構想など）への志向を含めて，きわめて流動的である。反面，とりわけ米国の単独行動主義的覇権獲得志向という90年代から今日まで続く「ネオ・パクス・アメリカーナ」期を介在させるという逆流を伴っており，その特質について若干の補足をしておきたい。1980年代のレーガン・サッチャー・中曽根時代に始まる強烈な反ケインズ政策は，2000年代のブッシュ・ブレア・小泉時代に継承される。しかも，湾岸戦争（91年1月）に続き，米ブッシュ政権は世界覇権と多国籍企業・銀行の利権拡大のための対外侵攻を辞さず，01年9月11日以後は反テロ戦争を旗印として単独行動主義をアフガニスタン，イラクに適用し泥沼化を招き，ほかに08年8月のWTOドーハ・ラウンド妥結直前での行動，地球環境破壊防止策や核兵器廃絶問題への消極姿勢を続けている。これらの事態は，パクス・コンソルテイスへとなかなか舵取りが転換しない理由である。オバマ米新大統領の世界戦略の「チェンジ」がどう具体化するか，大いに注目される（前掲拙稿「経済のグローバル化と国際機構」64-70頁を参照のこと）。

国家独占資本主義論略史

A：古典的諸規定

(1) レーニン

　　国家資本主義および国家独占資本主義の概念を初めて提起した。

(2) 戦時国家独占資本主義論争

　　資本主義の全般的危機規定との関連のうえに，国家独占資本主義の原型は戦時体制の資本主義において初めて確立されたことを説き，それをめぐって論争が展開された。

B：第二次世界大戦以後

(1) ヴァルガ論争

ヴァルガは，資本主義の戦後の経済計画を「計画経済」に近接したものととらえ，また国家独占資本主義における国家を金融ブルジョアジーの国家ではなく総資本家の国家だと主張して，大きな論争を呼び起こした。

(2) ツィーシャンク論争

ツィーシャンクは，戦後西ドイツの公信用分析を軸に「生産関係社会化」説を唱えるとともに，国家独占資本主義の構造を「上部構造としての国家」と「下部構造としての国家」という2区分を提起した。その所説をめぐっては国際的な論争が繰り拡げられた。

(3) 国家独占資本主義論の諸類型

わが国における諸理論を池上惇『国家独占資本主義論争』(青木書店，1977年) や，徳重昌志「国家独占資本主義論の諸類型」(高須賀義博編『独占資本主義論の展望』東洋経済新報社，1978年) などを手がかりとして整理すると，以下のようである。①「独占資本主義における長期停滞の克服策として国家の生産過程への介入を強調する」(井上晴丸＝宇佐美誠次郎)，②「国家独占資本主義を新たな生産関係とみるツィーシャンク説に属するもの」(井汲卓一，今井則義)，③「新しい支配と強制の体制として国家独占資本主義を把握するもの」(島恭彦，池上惇)，④「レーニンの『帝国主義論』と『全般的危機』論を総合させることによって国家独占資本主義を規定してゆこうとする」(宇高基輔，南克巳)，⑤「宇野恐慌論と管理通貨制度論を結合させる」(大内力)，⑥「管理通貨制度論と国家の財政政策に力点を置き国家独占資本主義を理解するもの」(大間知啓輔，大島雄一)。

35. 資本輸出の現代的諸形態

　第二次世界大戦後の国家独占資本主義＝現代帝国主義体制はパクス・アメリカーナとして再編されたが，とりわけそのことが可能となったのは戦勝国アメリカの圧倒的な工業生産力と金保有高にあった。①また，工業生産力の内容にかかわるが，アメリカによる IB部門（軍事・ミサイル・コンピュータ等からなる新鋭重工業部門）のほぼ完全な掌握と，それにもとづく垂直的国際分業体制の理解が不可欠であり，また②核戦争回避の歴史的状況も考慮されねばならない。そのうえで，資本輸出の形態にも現代（ここでは戦後を指す）的形態が登場する。現代資本輸出の形態変化の第1は，先進諸国相互間で海外直接投資が活発化し，多国籍企業の企業内国際分業体制が確立したことである。これらのうち，前者は市場分割競争の手段としての現代海外投資戦略の形態変化であり，後者は在外小会社の利潤率が親会社のそれを大きく上回る事実，例えば，1995年度連結決算実績を公表した和光経済研究所（『証券投資』No.515.）によれば，ソニー子会社（海外を含む子会社988社）の経常利益は本社の4.8倍，ホンダ子会社（225社）の経常利益は本社の2.4倍といった具合である。第2は，経済的・軍事的・政治的支配の強化機能をもつ DAC 加盟諸国（2001年以降22ヵ国，資料作成時点は21ヵ国）の新しい役割である。とくにアメリカの ODA ＝ 国家資本輸出が，1954～60年ではその70％を占めていたが，60年代では55.8％，70年代では30.3％，80年代（87～88年）では22.0％，90年代（97～98年）では15.6％に低下している。代わって日本が92年から2001年まで DAC 加盟諸国のなかで首位に立ったが，2002年以降はアメリカが再び首位となり，日本は2006年では3位，07年は5位とその比重を下げつつある（DAC 議長各年次プレスリリース，総支出額ベース）。もっとも ODA の性格規定には最近では人道支援も増大し，異論も予想される。しかし，米ソ冷戦時代の経済援助競争と同様の紛争地域や欧米の上位輸出先（無償供与先）は政治的友好国に振り向けられる傾向が濃厚である。第3は，変動相場制移行後については，政府系投資ファンド（SWF）と呼

ばれる事実上の国家資本の活動を無視できない。この例としては，政府の投資部門として74年設立のシンガポールのテマセク・ホールディングス（07年3月末の運用資産は約12兆5000億円）や同じくシンガポールの財務省直轄で81年設立のGICの資産規模は非公開だがいまや約11兆円とも33兆円とも推定されているのをはじめ，カタールやUAEのドバイの膨大なオイルマネーを原資とする政府系投資ファンド「ドバイ・インターナショナル・キャピタル」（DIC）は04年の設立で社員は約75人。ドバイ政府系企業の資金が7割，残りは中東の投資家などの資金をもとに運用。現在の総資産は125億ドル（約1兆3800億円）と1年で2.5倍に急拡大し，09年末には250億ドルに達する見通し。また，同じUAEのアブダビ投資庁も08年の金融危機にさいし，米シティグループへの75億ドルの投資を発表した。中国の国営投資会社の動向も注目される。これらの国家資本（政府系ファンド）の資産規模は，世界で2兆5000億〜3兆ドルと，ヘッジファンドの約1.5兆ドルを上回る。15年には12兆ドルを超えるとも報じられている。

多国籍企業・銀行の売上高ないし総収入

（2007年，括弧内順位は06年，単位：百万米ドル，『フォーチュン』誌，2008年7月21日号）
①(1)ウォルマート・ストアーズ（米，378,799.0），②(2)エクソン・モービル（米，372,824.0），③(3)ロイヤル・ダッチ・シェル（オランダ，355,782.0），④(4)ブリティッシュ・ペトロリアム（英，291,438.0），⑤(6)トヨタ自動車（日，230,200.8），⑥(7)シェヴロン（米，210,783.0），⑧(13)INGグループ（オランダ，201,516.0），⑧(10)トータル（仏，187,279.5），⑨(5)ゼネラル・モーターズ（米，182,347.0），⑩(9)コノコフィリップス（米，178,558.0），⑩(8)ダイムラー（独，177,167.1），⑪(11)ゼネラル・エレクトリック（米，176,656.0），⑫(12)フォード・モーター（米，172,468.0），⑬(20)フォルティス（ベルギー・オランダ，164,877.0），⑭(15)アクサ（仏，162,762.3），⑮(17)シノペック（中国，159,259.6），⑯(14)シティグループ（米，159,229.0），⑰(16)フォルクスワーゲン（独，149,054.1），⑲(36)デキシア・グループ（ベ

ルギー，147,648.4)，⑳㉒ HSBC ホールディングス（英，146,500.0）／
注：2007年の GDP，23位ノルウェー3915.0億米ドル，24位サウジアラビア3760.3，25位オーストリア3739.4（出所：IMF）

36.
国民経済と世界経済

　世界経済とは，地球上に存在するすべての国家・国民経済から構成される概念である。

　各地域の住民の生活安定にとって，可能な限り食糧・エネルギーなどの自給率を高めた素材産業重視，国内生産額に占める「生産的生産部門」の比重が高く，福祉・医療・教育・文化サービス部門が公的支出で支えられた自立型国民経済が求められている。しかし，諸国民経済の間の格差（指標は1人あたり GNI，GNP，GDP）は歴然としており，その間をぬって国際的な低賃金や低資源の獲得，販路拡大をめぐって多国籍企業・銀行は，国境を超えた営利活動を展開している。国民経済と世界経済の安定にとって多国籍企業・銀行に対する諸規制が1970年代後半の変動相場制移行後，通貨・金融派生商品の乱高下，とくに97年のアジア通貨危機以来，今日のサブプライムローン危機の世界経済に与える影響の深刻さを考慮すれば，国連や IMF，G20などでの議論は緒に着いたばかりではあるが，いまやますます必要となってきている。

37.
国家独占資本主義の多様性と収斂性

　現代資本主義の複雑な諸相をめぐって，資本主義の多様化＝類型化を強調するレギュラシオン派の研究成果もあれば，伝統的な国家独占資本主義の理論的射程に収めようとする試みもみられる。ここでは，それらが依拠する問題群の一端を取り扱う*。

＊これの詳細については，前掲拙稿「グローバル化と国民国家」，および「経済のグローバル化と国際機構」を参照されたい。

37.1 国家独占資本主義論における主要先進資本主義諸国のタイプ分析

　これまでも言及してきたように，第二次世界大戦後の世界政治経済秩序，とりわけ「ポスト冷戦」下における主導的生産様式は資本主義システムである。それらは資本主義の一般性を共有しつつも，「低開発」資本主義と「先進」資本主義に２大別しうるが（もちろん，その中間的存在がNIEsであった），先進資本主義諸国の政治経済体制にもまたその内部に「種差」ともいうべき独自の構造的特質が形成されている。そこで，強力国家＝「国民国家」体系の厳存を前提として，先進資本主義国家をやや大雑把に特徴づければ，次のように述べることができよう。①北欧諸国（福祉国家，公企業の比重大，人権尊重），②EU諸国（北欧型の社会民主主義とも共通する福祉国家型が多いが，なによりも体制維持の資本主義的国家連合の推進に独自の特質がある），③アメリカ（「ブロック化」推進と世界秩序の頂点に立つヘゲモニー国家を依然として追求）④日本（アメリカと共通する産業全体に占める民間資本の比重が大であるが，アメリカを凌ぐ「企業社会」の典型という点に特徴がある）。例えば，統計数値は最新のものではないが，就業者総数に占める公務員（郵便などの現業を除く）の割合は，スウェーデンが32％（1990年），イギリス20％（91年），アメリカ14％（89年）などに対して，日本は６％（91年）でしかなく，さらに中央政府・地方自治体・社会保障基金を合わせた公的部門の総支出の国内総生産比も，スウェーデン61％，オランダ56％，イギリス42％，アメリカ36％などに較べて，日本は32％に過ぎない。さらにその後の日本の公共サービス部門の比率は縮小している（拙稿「『ポスト冷戦』下の世界システムとEC統合」『経済学論纂』（中央大学），第35巻第１・２合併号，1994年３月，229-230頁参照）。

　しかしながら，レギュラシオン派のブルーノ・アマーブルは，表２のように，「資本主義の５つの理念型」を提起し，他方この派に親和的なボブ・ジェソップは，「ケインズ主義的福祉型国民国家」（KWNS）と「シュンペーター主義的

表2　資本主義の5つの理念型

制度エリア	市場ベース型経済	社会民主主義型経済	アジア型資本主義	大陸欧州型資本主義	南欧型資本主義
製品市場競争	価格競争が極めて重要 製品市場における国家の非関与 市場（価格）シグナルを通したコーディネーション 対外競争と外国投資への開放	品質競争が極めて重要 製品市場における国家の高度な関与 市場シグナル以外のチャネルを通した高度なコーディネーション 対外競争と外国投資への開放	価格競争と品質競争がともに重要 国家の高度な関与 高度な非価格的「コーディネーション」 外国企業と外国投資からの保護は大 大企業の重要性	価格競争が適度に重要 品質競争の重要性が比較的高い 公共機関の関与 比較的高い非価格的「コーディネーション」 外国企業と外国投資からの保護は小	品質ベースでなく価格ベースの競争 国家の関与 非価格的「コーディネーション」はほとんどない 対外貿易と外国投資からは適度に保護 小企業の重要性
賃労働関係	低い雇用保障 外的フレキシビリティ：一時的労働依存の容易さおよび雇用・解雇の容易さ 積極的な雇用政策の不在 守りの労働組合戦略 賃金交渉の分権化	中程度の雇用保障 コーディネートあるいは集権化された賃金交渉 積極的な雇用政策 強い労働組合 協調的労使関係	大企業内での雇用保障 制限された外的フレキシビリティ 二重労働市場 年功序列賃金政策 協調的労使関係 積極的な雇用政策不在 強い企業別労働組合 賃金交渉の分権化	高水準の雇用保障 制限された外的フレキシビリティ 雇用の安定 紛争的な労使関係 積極的な雇用政策 中程度に強い労働組合 賃金交渉のコーディネーション	雇用保障（大企業）は高いが二重構造がある：一時的・パートタイム労働の雇用における「フレキシブル」なフリンジ 労使関係におけるコンフリクトの可能性 積極的雇用対策の不在 賃金交渉の集権化
金融部門	少数株主に対する高い保護 所有集中度の低さ 機関投資家が極めて重要 活発な企業コントロール市場（乗っ取り・M&A） 金融市場の高度な洗練化 ベンチャー・キャピタルの発達	所有集中度の高さ 機関投資家の高い割合 企業コントロール市場（乗っ取り・M&A）の不在 金融市場の非洗練性 金融取引は銀行に集中	非有力株主に対する低い保護 所有集中度の高さ コーポレート・ガバナンスにおける銀行の関与 企業コントロール市場（乗っ取り・M&A）は不活発 金融市場の非洗練性 ベンチャー・キャピタルの制限された発達 金融取引は銀行に集中	非有力株主に対する低い保護 所有集中度の高さ 企業コントロール市場（乗っ取り・M&A）は不活発 金融市場の洗練度は低い ベンチャー・キャピタルの適度な発達 金融取引は銀行に集中 企業の投資資金調達における銀行の重要性	非有力株主に対する低い保護 所有集中度の高さ 銀行ベースのコーポレート・ガバナンス 企業コントロール市場（乗っ取り・M&A）は不活発 金融市場の洗練度は低い ベンチャー・キャピタルの制限された発達 金融取引は銀行に集中
社会保障	社会保障の低さ 国家の低い関与 貧困緩和を重視（社会的セーフティネット） ミーンズテストによる給付 民間基金の年金システム	高水準の社会保障 国家の高い関与 公共政策や社会において福祉国家が極めて重要	低水準の社会保障 貧困緩和のための支出 福祉における公的支出の低い割合 GDPにおける福祉支出の低い割合	高度な社会保障 雇用ベースの社会保障 国家の関与 社会のなかで社会保障が極めて重要 保険料によって賄われる社会保険 賦課方式の年金制度	中程度の社会保障 貧困緩和や年金を重視する支出構造 国家の高い関与
教育	低い公的支出 極めて競争的な高等教育システム 均質的でない中等教育 脆弱な職業訓練 一般的な技能を重視 生涯学習	高水準の公的支出 高い進学率 初等・中等教育の質を重視 職業訓練の重要性 特殊的技能を重視 再訓練の重要性	低水準の公的支出 高い進学率 中等教育の質を重視 企業ベースの訓練 科学・技術教育の重要性 特殊的技能を重視 脆弱な企業外の生涯学習	高水準の公的支出 中等教育における高い進学率 均質的な中等教育を重視 発達した職業訓練 特殊的技能を重視	低い公的支出 高等教育における低い進学率 脆弱な高等教育システム 脆弱な職業訓練 生涯学習の不在 一般的な技能を重視

出所：Bruno Amable, *The Diversity of Modern Capitalism*, Oxford University Press, 2003, pp. 104-106. ブルーノ・アマーブル『五つの資本主義』山田鋭夫・原田祐治ほか訳，藤原書店，2005年，137頁。

勤労型脱国民的レジーム」(SWPR) なる区分を示している (表3と表4参照)。これらの類型化の努力自体は貴重なものかも知れないが，アンガス・マディソンの「全政府支出の GDP に占める割合」(表5) が如実に語っているように，国家活動膨張の統計的事実といかに整合するかが問題であろう。

37.2 地域経済統合

　経済のグローバル化の一方で，地域経済統合をめぐる近年の動きはほぼ着実に進展している，といってよいだろう。例えば，2002年12月開催の EU 首脳会議は新たな10ヵ国加盟方針 (04年5月，キプロス，チェコ，エストニア，ハンガリー，ラトビア，リトアニア，マルタ，ポーランド，スロバキア，スロベニア。04年12月，トルコ加盟交渉の判断) を承認し，欧州憲法草案の検討 (03年6月採択) を公表した。また，ASEAN をめぐっては，2002年11月4日，中国が ASEAN と FTA 完成 (シンガポールなど早期加盟6ヵ国とは10年までに。カンボジアなど後期加盟4ヵ国とは15年までに) を含む包括的経済協力の枠組み協定に調印し，慌てた日本も経済連携協定に向けた共同声明を発表した。さらに，ASEAN は，経済協力強化に向けた定期的な首脳会談を韓国に加えて11月5日，インドとの共同声明で表明した。このようなリージョナリズムと WTO が目標とするグローバリズムとの関係を単に対立して捉えるならば，それは皮相な考え方と言わねばならない。なぜならば，現代のグローバリズムはアメリカン・グローバリズムの形態をとっている。だから，それは他国からの WTO 提訴を受け，またパネル交渉に持ち込まれるという事態を招いている。他方，40以上存在するともいわれるリージョナリズムの方も多種多様であり，なかには真のグローバリズム (将来の自由・無差別・平等) に繋がる萌芽形態を帯びているものもあるからである。ここでは，リージョナリズムの問題を取り上げる。

　地域的経済圏の代表的なものは，EU (欧州連合，27ヵ国)，NAFTA (北米自由貿易協定，3ヵ国)，ASEAN (東南アジア諸国連合，10ヵ国)，メルコスル (南米南部共同市場，5ヵ国) である。とくにサブプライムローン危機か

表3　ケインズ主義的福祉型国民的国家（KWNS）

固有の経済諸政策	固有の社会諸政策	基本的規模 （あるとして）	市場の失敗を補完する 基本的手段
完全雇用，需要管理，大量の生産と消費を支えるインフラの供与。	団体交渉と国家による大量消費型規模の一般化，福祉権の拡大。	中央と地方を対象として経済政策と社会政策が作成されており，国民的規模が相対的に優位である。	市場と国家が「混合経済」を形成している。国家には市場の失敗を補完する役割が期待される。
ケインズ主義的	福祉型	国民的	国家

出所：Bob Jessop, *The Future of the Capitalist State*, Polity Press, 2002, p. 59. ボブ・ジェソップ『資本主義国家の未来』中谷義和監訳，御茶の水書房，2005年，85頁。

表4　シュンペーター主義的勤労型脱国民的レジーム（SWPR）

経済政策の 固有の形態	社会政策の 固有の形態	基本的規模 （あるとして）	市場の失敗を補うための基本的措置
オープンな経済におけるイノベーションと競争力が焦点となる。KBEを高めるために供給サイドが強調されることになる。	社会政策は経済政策の拡大概念の下位におかれる。「社会賃金」に対する下方圧力と福祉受給権に対する攻勢。	国民的規模を犠牲とした規模の相対化。新しい基本的規模を確立するための競争，だが，国民的（諸）国家の役割の継続。	市場と国家の失敗をただすための自己編成的カヴァナンスの役割の強化。だが，国家は，メタガヴァナンスの行使という点で，役割を強める。
シュンペーター主義的	勤労型	脱国民的	レジーム

出所：Bob Jessop, *op. cit.*, p. 252. 前掲訳書，357頁。

表5　全政府支出のGDPに占める割合（名目ベース）欧米主要国・日本

（1880～1999年）

	1880年	1913年	1938年	1950年	1973年	1992年	1999年
フランス	11.2	8.9	23.2	27.6	38.8	51.0	52.4
ドイツ	10.0	17.7	42.4	30.4	42.0	46.1	47.6
日本	9.0	14.2	30.3	19.8	22.9	33.5	38.1
オランダ	n.a.	8.2	21.7	26.8	45.5	54.1	43.8
英国	9.9	13.3	28.8	34.2	41.5	51.2	39.7
米国	n.a.	8.0	19.8	21.4	31.1	38.5	30.1

出所：アンガス・マディソン『経済統計で見る世界経済2000年史』金森久雄監訳，柏書房，2004年，159頁および同『世界経済の成長史 1820～1992年』金森久雄監訳，東洋経済新報社，2000年，81頁から作成。

ら世界恐慌に転じている08年12月に米国とカナダを除く南北米大陸の全33ヵ国が集結した首脳会議が開かれ，10年2月に「中南米・カリブ海諸国機構」の創設を合意したことである。米州ボリバル代替構想（ALBA，2001年ベネズエラのチャベス大統領の提唱で始まった米州自由貿易圏（FTAA）構想に対抗する中南米の地域グループ。加盟国はベネズエラ，キューバ，ボリビア，ニカラグア，ホンジュラス，ドミニカの6ヵ国）の動向も注目される。このような反米ないし反新自由主義を掲げる国際機構の動向はBRICs等にもみられ，今後の世界経済に波紋を投げかけている。他に，「開かれた地域主義」を標榜するAPEC（アジア太平洋経済協力会議）もある。ベラ・バラッサの経済統合理論では，自由貿易地域，関税同盟，共同市場，経済同盟，完全なる経済統合という5形態の発展段階が区別されている。これによれば，EU以外は低い次元での経済統合である自由貿易地域ないし関税同盟の段階にとどまっている。経済統合の高い段階に到達しているEU統合の歴史や現状から日本経済が学ぶべき点があるように思われる。

　「EUの発端をなしたECSC（欧州石炭鉄鋼共同体）に込められた『不戦共同体』構想＝パリ条約や，EEC（欧州経済共同体）の理念を示したローマ条約に含まれている参加国住民の『生活水準の高位平準化』という目的の明確な提示にある。もちろん，巨大資本と勤労住民との利害対立によって，玉虫色の理念と現実との間には絶えず大きな乖離を伴ってきていることも事実である。にもかかわらず，加盟国がGDPに応じた分担金を負担し，福祉国家型の大枠のもとで社会憲章（仏の週35時間労働制実施など）を無視しえない労使関係があり，域内地域格差是正のための構造基金や結束基金を設けている点など，日米型の市場経済重視・社会保障軽視の社会システムよりも優れた目標を定めていることを評価すべきように思われる」と私も評価したことがある（中央大学経済研究所編『戦後日本資本主義』中央大学出版部，1999年，34頁参照）。

　EUのこれまでの経済統合（一部は政治外交面に及ぶ）の歴史を辿ってみると，①共同市場（関税同盟）完成（1952〜68年，6ヵ国），②通貨統合の模索

とERM（欧州為替相場安定制度）実施（69～84年，10ヵ国），③域内市場統合（非関税障壁撤廃）の進展（85～92年，12ヵ国），④共通防衛・外交政策の模索と通貨統合の準備（92～98年，15ヵ国），⑤単一通貨ユーロの11ヵ国（08年，15ヵ国）による実施とアジェンダ2000の具体化（1999～2004年，15ヵ国）⑥中東欧10ヵ国加盟と欧州憲法条約批准の模索（2004～07年，25ヵ国），⑦東欧2ヵ国加盟とユーロ圏拡大とリスボン条約の批准（2007年～，27ヵ国）の7期に区分できる。09年にユーロ圏にはスロバキアが加わり，16ヵ国となったが，09年1月19日発表の09年実質経済成長率の見通しでは通貨統合後初めてのマイナス1.9％，EU全体でもマイナス1.8％と大幅に下方修正している[*]。

[*] EUについては，田中素香『拡大するユーロ経済圏』日本経済新聞出版社，2007年，ラテンアメリカについては，吉川久治「『ワシントン・コンセンサス』の破綻と中南米」，『経済』2008年10月号をそれぞれ参照されたい。

38. 国家独占資本主義の歴史的役割

　最後に，国家独占資本主義の歴史的役割を考える場合，その意義と限界を明らかにし，若干の展望を指し示しておくことが必要であろう。
（1）意義
　国家独占資本主義の意義は，資本主義の枠組み内ではあるが，したがって歪曲した形態を伴ってはいるが，最高度の生産の社会化を達成していることであろう。もちろん，グローバルな規模での生産拡張・合理化が猛威をふるい，その結果は，次にみる「限界」に現れている。したがって，例えば，自動車・電化製品・ハイテク製品，その他基幹産業における企業内国際分業体制（ただし，独占＝金融資本による新たな蓄積機構，M&Aを含む「協調・連携」による独占的超過利潤獲得方式展開）の側面を忘れてはならないということである。
（2）限界
　「限界」は，地球的レヴェルの再生産構造での歴史的破綻現象に如実に示さ

れている。その第1は，発展途上諸国を中心とした飢餓・累積債務問題の深刻化であり，その第2は，先進資本主義諸国を襲っている産業空洞化・軍事化であり，いまや金融資産追求傾向の激化とその破綻である。

（3）展望

国家独占資本主義の歴史的地位については，「意義」を制御しながらも活かし，「限界」を克服する人類の叡智に懸かっているとしか言えない。

国家独占資本主義の世界的連関は，各国の利害の対立を「協調」させようとする世界的連関システムの側面を否定しえないが，グローバルな規模でますます生産と消費の矛盾の顕在化が認められる。国家独占資本主義体制のもつ歴史の肯定的要素を継承し否定的要素を打破するには，対等な国家間関係を樹立し，しかも国内的には基本的人権を真に保障する（つまりは平和・自由・民主主義の実現につながる）ような，私的独占支配から国民が主人公たる政治経済システム（ちなみに，1956年以来現存するスペイン・バスク地方を拠点とする労働者協同組合企業体グループ「モンドラゴン」の評価もかかわってくるかも知れないが，窮極的には，デイヴィド・ヘルドのいう「コスモポリタン民主政」によるものであれ，大谷禎之介氏のいう「アソシエートした諸個人」に向かう途であれ，いずれもなお理念と現実との乖離は大きいが）への転換をはかる必要があろう。

●いまを語る**「サブプライムローン」（SPL）危機から世界恐慌へ**

この深刻な問題状況，すなわち激発性の「サブプライムローン」（以下SPLと略す）危機が全面的な金融危機に拡大するとともに，ついで100年に一度ともいわれる世界恐慌に転化している今日の事態を解明するためには，そもそもの問題の本質を正しく把握したうえで，メカニズムの解明とともに，事態への主として国家と「国際機構」の対応段階の深化（Stage）と局面の展開（Phase）を追跡することを通じて，現時点では世界恐慌を脱し切れていないが2回にわたるG20（金融サミット）を契機にSPLの再発は防止しようとする短期的な緊急措置が徐々に進められてはいる。これの

効果は今後の実効措置をみなければならないが，根本問題の本質に立ち戻って，さらに抜本的な対応策を検討しなければならないと考えられる。もちろん，資本主義経済のもとでは恐慌は避け難い。ここでいう抜本的な対応策とは，どうすれば激発性のSPLのような事態を避けうるかという意味である。

I．問題の本質

①今回の世界恐慌の土台をなしているのは，1971年の米国による金・ドル交換停止によって，実体経済の裏づけを喪失したドルが減価し始めたにもかかわらず，73年以降の主要先進国の変動相場制への移行がドルの国際通用力を支えたために，国際通貨ドルは基軸通貨特権を賦与され続け，世界の国際金融・通貨体制に対して一元的な支配力能を付託されたことにある。

②さらに，SPL危機の直接的な原因としては，80年代後半以降，金融派生商品（デリバティブ）が債務（ローン）組成の証券化・再証券化の過程で「ボンド」すなわち債権化証券に姿を変える金融工学の活用にまで及び，05年末からの実体経済（＝住宅価格）の下落を無視した格付け会社の杜撰な評価が結果としてはその問題性を隠蔽し，加えて投資銀行などの組成再証券化の膨張が極度に進められ，そこにヘッジファンドなどの投機資金の流出入を呼び込み，加速的な資産の破壊＝リスク（損失）が膨大化したことである。しかも，この金融危機は自己資金評価を株価動向に強く依存する自動車・家電など「耐久消費財」産業を直撃し，生産と消費のギャップから，一気に世界恐慌の引き金となったのである。国家独占資本主義の全機構がフル回転して世界恐慌のいっそうの悪化を食い止めようとしている。明確な数値の根拠は不明だが，09年3月時点でのIMF推計ではすでに4兆ドルの損失に達している。

II. メカニズムの解明

　SPLは，フェア・アイザック社開発のモデルであるFICOスコア60点以下の信用力の低い世帯を対象とした住宅ローンを指し，主としてモーゲージバンクと呼ばれる住宅ローン専業会社によって実行されていた。こうしたSPLは，住宅価格の上昇持続があればSPLの借り手は取得した住宅を転売するごとに資産を増大する可能性をもっていた。このため，逆に住宅価格が下落すれば，SPLの借り手はローン返済はできず，その結果延滞率の急激な上昇を生むなど，金融システムの脆弱性を増幅させることになる。今回の問題では，SPL危機を発端としてその危機が広く金融市場に波及し，証券化市場を通じて，きわめて短期間のうちに世界各国に波及したことが大きな特徴である（SPLの市場規模は，米国の住宅ローン市場の15％程度，幾分信用力の高いAlt-A住宅ローンを加えても30％弱という比較的規模が小さかったにもかかわらず）。また投資銀行（日本の証券会社に相当）は，コンデュイット（conduit），SIV（structured investment vehicle）といったオフバランス（正規の会計処理外）での投資事業体を設立し，資金運用・調達の長短ミスマッチを創りだし投資を呼び込む手法も拡がった。しかもMBS（住宅ローン担保証券）などを再証券化したCDO（債務担保証券）の内容や情報が非公開で相対取引であり，格付け会社の杜撰な高位格付けに翻弄されて，住宅ローンに付随する信用リスクや流動性リスクを他の金融機関（商業銀行など）や投資家に移転した。CDO組成のプロセスでは，シニア，メザニン，エクイティなど，債務の優先劣後構造を変換する加工が複数回にわたって行われ，複雑な金融派生商品が創られてきたのである。これらの金融活動の結果，世界の金融資産総額は1980年代初めには世界のGDP総額（実体経済）に対比するとほぼ匹敵していたが，2006年には3.5倍にまで増大していたといわれる。

Ⅲ. 段階（Stage）と局面（Phase）展開の時期区分（2005年末〜2009年4月末）

StageⅠ：危機の懐妊期

Phase ①　1990年代中葉以降続いていた米国の住宅ブームは，2005年末からは反転して住宅価格下落，金利の上昇に伴うSPLの延滞率が急上昇した。

StageⅡ：危機の顕在期

Phase ②　2007年6〜8月にかけてSPL関連の商品間のスプレッド（金利差）が，再び大幅に拡大した。また，格付け会社の杜撰な評価の下方見直しの公表により，SPL問題が一気に表面化した。8月には，仏BNPパリバ証券が傘下のファンドの業務を凍結した。

Phase ③　2007年夏以降，証券化市場の調整が金融市場全般に波及した。また，米国でSPLを裏付け資産に含む投資事業体が発行するABCP（asset-backed commercial paper）のロールオーバー（他資産への移管）が困難化し，ドル資金調達ニーズが急増した。この結果，米ドル，英ポンド，ユーロの短期市場では，中央銀行による大量の資金供給にもかかわらず，ターム物金利が急上昇し，オーバーナイト金利とのスプレッドが拡大した。

Phase ④　2007年10月以降，米欧の主要金融機関の決算において，SPL関連分野での損失が拡大した。投資事業体の資産価値の大幅な毀損を受け，バランスシート上に組み入れる。米欧の主要金融機関は，評価損，売却損に伴う自己資本比率低下を回避するため，ソヴリンウエルスファンド（sovereign wealth fund）からの資本調達など資本増強策を相次いで打ち出した。

Phase ⑤　2008年1月，投機資金の激しい流出入の結果，CDO暴落と他方の株式，穀物，金・鉄鉱石など資源価格が一斉に暴騰した。

Phase ⑥　2008年春の英国ノーザン・ロックの国有化（2月）と米証券大手ベアー・スターンズの救済合併（3月）。

Phase ⑦　2008年8月の「モノライン」と呼ばれる金融保証会社の経営悪

化に加えて，米政府系金融機関（GSE）の連邦住宅貸付抵当公社（フレディマック）と連邦住宅抵当公社（ファニーメイ）の経営が悪化した。

StageⅢ：本格的な公的資金の投入期

Phase⑧　2008年9月の米証券大手のリーマン・ブラザーズの経営破綻（負債総額約6130億ドル）に端を発し，メリルリンチのバンク・オブ・アメリカによる銀行業務継承・救済合併。他方，FRBはゴールドマン・サックスとモルガン・スタンレーの銀行持株会社化を認めた。これにより，米投資銀行はすべて消滅した。経営破綻のアメリカン・インターナショナル・グループ（AIG）を事実上の政府管理下に置き最大850億ドルの融資を決めた。この期に，本格的な公的資金の投入期に移行したことになる。

　2008年10月に入り，米議会上院で1日，下院で3日，金融安定化法を可決した。この法案の特徴は，最大7000億ドルの不良債権買取制度を柱としつつ，総額1100億ドルの減税，一般口座保護（上限25万ドル）を含む。14日に発表した米政府の経済緊急対策で，連邦預金保険公社（FDIC）が保証する金融機関の債務は約1.4兆ドル，金融機関への公的資金注入など対策の総額は最大2.6兆ドルにのぼる。日米欧中央銀行も協調融資・金利引き下げに踏み切った。

Phase⑨　2008年11月14〜15日，第1回金融サミット（G20）の合意宣言（IMF強化策や金融機関の救済・監督，情報開示強化策など国際協調的な技術的短期対策を合意）発表。

Phase⑩　2008年11月中旬以降，アイスランド・ウクライナ・ハンガリーなどがIMFに緊急融資を申請した。

Phase⑪　2009年1月末までに，主要国の08年第Ⅳ四半期のGDPの急激な減速と09年のマイナス成長予測が発表され，自動車など世界的メーカーの雇用削減計画も発表されている。また，2月12日，米景気対策法案（総額7870億ドル，約72兆円）可決。17日，米自動車業界ビッグ3のうち，GMとクライスラーが08年12月の「緊急融資」（総額174億ド

ル）に次いで，最大計216億ドルの追加融資を求める。09年2月末には，シティグループが政府の管理下に移る。

StageⅣ：国際金融・通貨体制改革への胎動

Phase⑫　2009年4月2日，ロンドンで第2回金融サミット（G20）の首脳宣言（ヘッジファンドや格付け会社の規制・監督強化，タックスヘイブンへの制裁準備，10月末までに5兆ドルの協調的財政出動，IMFの資金基盤を3倍増とし，途上国支援を拡充）。この間，09年3月，中国などが現行ドル体制を批判し，また第2回南米アラブ首脳会議（12ヵ国）で「新国際金融秩序」宣言，「米州ボリバル代替構想」（加盟国は6ヵ国）は08年11月に続き4月16日も会議を開催し，共通通貨「スクレ」創出で合意した。4月29日，EUの欧州委員会はヘッジファンドの運用者に対して登録を義務化し規制する指令案を発表した。4月末，クライスラーは米連邦破産法第11条（日本の民事再生法に相当）を申請し，経営破綻した。

Ⅳ．短期的対応の必要性

上記Ⅰ②を除去する，あらゆる措置が必要であると考えられる。とくに，第2回金融サミット（G20）における首脳宣言での合意には実行されれば，かなりの意味をもつであろう。

Ⅴ．抜本的な対応策

上記Ⅰ①のシステムを変更する長期的な努力が必要であろう。私見ではドルに代替する新しい国際通貨の創出が必須としかいえないが，上記のStageⅣの帰趨が注目される。

（主要参考文献：高田太久吉「資産証券化の膨張と金融市場」，『経済』2008年4月号をはじめとする一連の論文，井村喜代子「サブプライムローン問題が示すもの」，『経済』2008年6月号をはじめとする一連の論文，木下悦二「21世紀初頭における『金融資本主

義』とその挫折（上）（下）」,『世界経済評論』2008年9月号・10月号,日本銀行『金融システムレポート』2008年3月,その他各種新聞報道など）

補論

独占資本主義の理論
―― 平瀬・白杉論争とその今日的意義

　本書第Ⅱ部「独占資本主義の理論」での内容を理解する一助として，私の論文「平瀬・白杉論争とその今日的意義」（『立命館経済学』第44巻第3号「岡崎栄松教授退任記念論文集」1995年8月掲載）を立命館大学経済学会の許諾をえて収めることとした。本書の補論として再掲するにあたっては，主題を新たに「独占資本主義の理論」とし，当時の主題を副題として残すことにした。文献表示の一部と誤植等を補正した以外は当時の原文のままである。関係各位に感謝したい。
　ここには，平瀬巳之吉教授と白杉庄一郎教授の間で交わされた論争と，その後の関連する諸見解に関する私の解釈を示している。これを読まれることによって，1990年代までのわが国の学界で活発に展開された独占資本主義をめぐる一大論争から，第Ⅱ部の理解とともに，現代資本主義分析視角にも依然として一定の意義をもつと考えられもするのであり，今後の当該分野の理論の発展にも役立ててほしいという私なりの期待を込めていることを汲み取っていただければ幸いである。

1. はじめに

　理論経済学にとって，現代資本主義を首尾一貫した論理体系すなわち理論体系としていかに構築するかは，最も重要な課題のひとつであり，これまでにもいくつかの貴重な試みがなされてきた。依然未完成のこの課題に再接近するためには，これらの試みのなかでもとくに平瀬巳之吉氏と白杉庄一郎氏との間で交わされた一連の論争を回顧しつつ，その理論的成果を明確にしておくことは有益な営為であろう。同時に論争以降に提起された新しい課題にも十分な考慮を払う必要があろう。現代においては，とりわけ，マルクス経済学の意義やそのあり方そのものが問われ，また自由競争段階の資本主義を表象におきながら，その基礎構造と経済法則を明らかにしようとしたマルクスの『資本論』体系の論理の全体とそれを支えている構成部分の位置づけやそれら各環節自体の論証過程そのものの性格規定についても，諸説の登場によって新たな次元での課題が提起されてもいるからである。

　ところで，戦後わが国における独占資本主義研究には，より基礎理論レヴェルでの『資本論』具体化構想と，より現実分析的なレヴェルでの『帝国主義論』的視角の発展構想という2大潮流が認められる。両者の抽象次元が異なるがゆえに，窮極的には前者によって後者が綜合されうる関係にあるとみてよいであろう[*]。前者には，大雑把にいって，『資本論』における価値・価格・生産価格あるいは平均利潤の論理を独占資本主義の現実解明に基本的には文字どおりに「具体化」＝「適用」しようとする見地から，『資本論』の論理を独占資本主義の段階的特質を解明するための論理的な「対比」基準にとどめる見地まで多様なヴァリアントを含んでいる。

　[*] 拙稿「戦後わが国における独占資本究明の方法について——1つの覚書——」，『商経論叢』第18号，鹿児島県立短期大学商経学会，1969年7月参照。

　本稿で取り上げようとする平瀬理論と白杉理論とは，独占資本主義の一般理

論的研究を断念するいわゆる「宇野理論」とは対蹠的な観点にあるという意味で，ともに基礎理論レヴェルでの『資本論』具体化構想の流れに属すとはいえ，依って立つ方法論をはじめとして理論体系そのものはまさに両極をなす代表的な見解を示すものであったと考えられる。平瀬・白杉両理論が提起したプロブレマテークは論争過程で深められ，他の論者の所説に形を変えて受け継がれていったが，今日改めて両理論の特質とその論争点を整理することによって，現在やや沈滞気味の独占理論研究の再活性化の一助になることを期待するものである*。

> *ちなみに1990年代に入ってからの独占資本主義の理論研究は，活性化のきざしがみられなくもない（たとえば，仙田久仁男『価値と価格法則の理論』創風社，1992年，鈴木健『独占資本主義の研究』文眞堂，1992年，清野良榮『現代経済と蓄積体制』晃洋書房，1992年，高木彰『現代オートメーションと経済学』青木書店，1995年などを挙げることができよう。）ただし，鈴木健氏が「普遍と特殊の区別と同一に関する弁証法的な観点」（2頁）に立脚し，「自らを発展諸段階に特殊化する動力を保持する具体的普遍として把握される資本主義一般の理論」（25頁）の主張には刺激的な方法的示唆を含むが，見田石介氏の理論を絶対化しつつ「資本主義一般に貫徹する法則と理解されていた平均利潤法則を，さらに根源的な法則によって根拠づけ，それの一つの形態にすぎないとしたところに見田氏の発見の意義があった」（54-55頁）とされる論点には同意できない。

2. 論争の概要

平瀬・白杉論争と称される学問的領域ないし射程は，経済理論に限っても広範囲に及ぶ（方法論，価値論，生産価格論，市場価値・市場価格論，地代論，独占価格・独占利潤論など）が，ここでは主たる対象を独占価格・独占利潤論に限定することにしたい。

また，論争期間については狭義に解釈すれば，次の2期に区分できるように思われる。すなわち，①白杉氏の生存中に展開された平瀬氏との論争期と，

②白杉氏の歿後に遺稿の活用を含めて展開された白杉氏の「門下生」(ここでの「門下生」という用語の意味する範囲は杉原四郎氏が文献 [13] に寄せられた序文で用いられたほどの意味においてである) と平瀬氏らとの間の論争期とがそれである。それでは、これらの論争過程を順次みていくことにしよう。

2.1 白杉氏の生存中に展開された平瀬氏との論争期

　論争の発端＝原点は、平瀬氏が文献 [1] 結章 (「資本一般」の彼岸——平均利潤の体系から最大限利潤の体系へ) と『経済評論』1954年10月号においてマルクス『資本論』第三部第45章の「本来的独占価格」(競争価格) を第三部第50章の「通常の意味での独占価格」(静態価格) と区別し、前者を「資本一般」の論理の枠外で扱うべきだと主張したのに対し、白杉氏は文献 [10] 40頁において両概念ともに価値と生産価格の法則に従うと次のように凝縮した表現で平瀬氏の所説を批判した点に認められる。

　「市場価格においてはいうまでもなく、いわんや独占価格においては一層はなはだしく、価格は価値から乖離する。そして、そのかぎり、資本主義社会においては価値法則はそのまま［で］は自己を実現しない。しかし、だからといって、価値法則が資本主義社会においてはなんらの妥当性をももたないかのごとくに考えては、大変なまちがいである。そうではなくて、価値を基礎にして生産価格が成立し、その生産価格を中心として市場価格が変動するのであり、市場価格の特殊な形態としての独占価格といえども、価値と、それの転化形態たる生産価格とを離れては合理的に説明されうるものではない。そして、そのかぎりでは、社会的必要労働時間による価値決定の原理は、資本主義社会においても、抽象的な形においてではあるが、やはり、自己を貫徹しているといってよいのである。しかし価値規定のふくむ平均原理が具体的に自己を実現するのは、社会主義社会においてである。」

　そして、文献 [2] で平瀬氏は、「本書では［白杉］教授を多く批判しなければならぬ羽目にたちいたったが、それはここ数年来、教授の発表されてきた積極説が、独占資本主義にかんするもっとも注目すべき積極説であったからの

ことである。白杉説の壁をつき破らないでは，わたくし自身がその外へでられないと感じたからである」(7頁)と記されており，他方文献 [11] では白杉氏が「批判をたまわることによってその機会を与えられた諸氏，なかんづく平瀬巳之吉および重田澄男の両氏にたいし，ここに改めて深い謝意を表しておきたい」(序3頁)と述べ，これら両著作では随所で相互批判が展開されるところとなった。平瀬氏は，その後も文献 [6] の終章 ([3] の改稿) で白杉説理解を《限界必要労働時間＝価格》論に訂正したり，[7] の「特別剰余価値についての一論」のなかの註で北原勇氏の白杉批判に対し独占段階での特別剰余価値の固定化を事実上肯定されている*。しかも，白杉氏は遺稿 [13] のなかでは，自説たる生産過程的独占利潤の源泉問題は基本的に維持しつつも，平瀬氏が強調していた流通過程的収奪利潤獲得手段としての独占価格の現実的諸形態をきわめて重要視していたのである**。このような論争の推移を知ることによって，いまや，ある意味では，白杉理論を土台に据えたうえでの平瀬・白杉両理論のいわば収斂が認められなくはない。しかし残念なことに，白杉氏自身はその逝去によって，論争の当事者たりえなくなってしまったのである。

＊「北原勇『独占資本主義の理論』(145頁)が，現代寡占の一特徴として〈相対的剰余価値の特別剰余価値化〉に気づいたのは，おもしろく (interesting) うまい (nice)。意味はこうだ。賃金財部門にぞくする特定企業で生産性の上昇があれば，自由競争段階だと賃金財の価格低下となり，したがって相対的剰余価値の増進となる。ところが，現代独占の段階では，技術進歩はそれを導入することのできる特定ビッグ・ビジネスの独占に帰する。それゆえに，特定企業の特別剰余価値にとどまってしまう傾向がある。相対的剰余価値の特別剰余価値化である。ただそのさい，教授は白杉庄一郎教授の〈特別剰余価値の固定化〉の論点に苦言を呈しておられるのだが，その論旨がよくわからない。〈相対的剰余価値の特別剰余価値化〉現象にしたところで，自由競争段階でも一時的には存在したはずだが，それが〈固定化〉するのが現代独占段階の特徴なのではなかろうか」(119頁)。

＊＊白杉氏は，第三章「独占価格」のなかで，「自由競争段階では平均原理が一時的＝短期的には限界原理に自己を疎外することがあっても，長期的には自己を貫徹しようとする傾

向をもつ」のに反して,「独占段階においては,この疎外が長期化し固定化する傾向がある」としたうえで,独占価格を,「市場生産価格から長期的＝固定的に背離した市場価格」だと規定される。「独占段階における平均原理と限界原理」との関係については,「独占段階においても平均原理は単純に否定されてしまうのではな」く,「止揚されるにとどまる」のであり,「現代資本主義のもとでも価値法則は——独占による抑制にもかかわらず——独占的競争にささえられて,それに抵抗しながら,いつの日か社会主義のもとで,その支配を完全にするべく,いわば待機しているのである」(以上,101-102頁)と述べられる。ついで,独占利潤については,限界企業の生産価格ないしそれ以上に固定された「現実の市場価格——すなわち独占価格——と市場生産価格との差額」＝「本来の独占利潤」と,限界企業の生産価格に等しい「市場生産価格部分にふくまれる平均利潤」とから成るとされ,さらに次のように述べられる。「本来の独占利潤の基本的部分は,独占的競争を前提にするかぎり,流通過程での恣意的な価格支配に由来するものではなくて,独占資本の取得する特別剰余価値の転化形態と考えらるべきであろう。これは年来の持論なのであるが,いまは立入らないことにしたい」(103頁)。むろん,これの詳細は文献 [11] で展開されたところのものである。これらの指摘のうえに,次のような注目すべき管理価格による独占利潤獲得のメカニズムが補完されようとしている。「独占の段階に入ると,価値と価格との乖離が恒久化され,生産力の進歩が相当に一般化して,社会的価値は低下していると見られうる場合にも,それに比例した価値の下落が期待されがたい傾向がある。そして,このように価値以上につりあげられた独占価格の現実形態がいわゆる管理価格 (administered price) である」(11頁)。

2.2 白杉氏の歿後に遺稿の活用を含めて展開された白杉氏の「門下生」と平瀬氏らとの間の論争期

ここでは,当然のことながら,松田弘三氏と松尾博氏の業績がもっとも重要なものである。

松田弘三氏は,白杉理論をほぼ全面的に擁護して批判者に立ち向かわれた。その成果は文献 [16] をはじめとして,[17]（むろん,白杉理論の限界＝不十分さについての指摘も含まれている。31, 37-38頁参照）に集約されている。松田氏が反批

判の主たる対象としたのは、平瀬氏（とくに文献［6］における独占価格の恣意性批判）のほかに、たとえば、本間要一郎（文献［26］・［27］）、高須賀義博（文献［34］）および北原勇（文献［23］）の諸氏による参入阻止価格論評価についての痛烈な批判とともに、大島雄一氏（文献［31］）が「フル・コスト方式」や「目標価格設定方式」をさして「生産価格にきわめて類似した独占価格決定方式」だと評価したことについて、これらは個別独占企業の価格設定方式であって、「なんら独占価格の『原理』ではなくて、参入阻止価格論と同様に低次元の皮相な現象把握にすぎない」(95頁)と一蹴されている。ユニークな展開としては、独占段階における独占間と非独占間との平均利潤率の二重化の見地をとる松田氏が、次頁の表を掲げて、これによって「特別剰余価値はもとよりそのままのかたちで超過利潤となりうるものではないが、しかし前者が後者の基幹部分をなすことを示しえたとおもう」(62頁)と述べられている点であろう。しかし、この表からは特別剰余価値と超過利潤との関係は不分明であって、この点で白杉「限界原理」批判の観点に立ちながらも特別剰余価値の転化形態を独占利潤の一部分として容認する手嶋正毅氏のモデル（『日本国家独占資本主義論』有斐閣, 1966年, 46-47頁）を同氏の「修正され、実現された平均利潤率」(60頁)という論理次元において、つまり独占段階での転化表として、しかも「大量平均」説の立場から展開する必要があろう。

他方、松尾博氏は、文献［18］において、平瀬理論が実現問題にかかわる積極面をもつことの検討を通じて独占的剰余価値説が管理通貨制を「内生化」するとの論点提示（134頁）をはじめ、白杉批判のもつ諸論点を内在的にかつ独自の視点を含めて検討し、重厚な著作、文献［19］を集大成された。そのなかで、松尾氏が白杉理論の基調を維持しながらも参入阻止価格論の検討をはじめとして積極的に自説を展開されているのは、学問的態度としても注目に値する。したがって、平瀬氏を除いても、大島雄一（文献［29］）、西口直治郎（文献［32］・［33］）、井上周八（文献［35］）、本間要一郎（文献［26］・［27］）、高須賀義博（文献［34］）の諸氏のほかに、自説展開にとって古結昭和氏（文献［36］）や本間氏（文献［28］）などの見解も批判的に吸収されている。たとえば、上記の井上

松田氏による独占段階の利潤率の二重化表

資本（費用価格）	生産価格	生産量	市場生産価格	市場生産価格総額	個別的利潤率	平均利潤率
I　資本構成高き部門					%	%
(1)　220c+30v		120	2.95	354	41.6	25.8
(2)　170c+30v		80	2.95	236	18	25.8
(3)　110c+30v		50	2.95	147.5	5.357	3.4
部門合計　500c+90v	独占的単位商品　2.935　総額 880.5	250		737.5		
II　資本構成低き部門					%	%
(1)　200c+50v		100	2.905	290.5	16.2	25.8
(2)　150c+50v		70	2.905	203.35	1.675	3.4
(3)　90c+50v		50	2.905	145.25	3.75	3.4
部門合計　440c+150v	非独占的単位商品　2.918　総額 496.1	220		639.1		

（出所）文献[17]の後者，62頁．

周八氏の批判については，「わたしは，井上教授の解釈を率直に受け入れ，これまで，白杉博士の短期・限界原理は好況期における調節的市場価格にかかわる法則として発展的に理解すべきだとしてきた見解をさらに一歩進めて，その調節的市場価格は好況期の再生産の基準として機能することにより市場価値に転化する，そしてまさに『不明瞭な箇所』に説かれている市場価値の特殊規定に該当するものだ，と改めたい」(39頁)と明確にされるとともに[*]，また「わたしは，特別剰余価値の実体的基礎を，白杉博士のように，独特の社会的評価と『強められた労働』の複雑労働としての価値生産性との二つとすべきでなく，もっぱら社会的評価だけに求めなければならない」し，この「社会的評価は，労働自体の複雑労働としての擬制化を含むものであり，それが，わたしの解する『強められた労働』の規定」(68頁)だとされている．さらに，松尾氏は，「多少の修正を加えた独占的剰余価値説＝白杉・独占理論を独占理論の基本と

しなければならないという立場を採っているが、同時に、参入阻止価格論も、独占価格の形成にたいする部門間競争のかかわりの一側面を解明したものとして、一概に斥けることを許さない積極的な内容をもっていると考える」として、では「独占的剰余価値説は参入阻止価格論をどのように批判的に摂取すべきか」という「新しい課題」に立ち向かわれ、関連文献の検討を進められ、そのなかで古結論文を「参入阻止価格論と『限界原理』とを統一的に理解しようと試みたひとつの野心的な労作」と評価しつつ、同時に「若干の問題点」の指摘に加えて、「独占資本自体が限界供給者になった場合には、『限界原理』は存立の余地がない」とする高須賀・本間両氏の古結批判を検討した結果、本間氏自身の論拠を借りても「意図された過剰能力の具体的な存在形態は、『旧来の設備の操業度をかなりの程度落とすこと』、あるいは『旧設備の遊休化』、すなわち、独占企業内部における限界経営部分にほかならない」ことを意味しており、そうだとすれば、白杉氏自身の反批判の仕方でもあったが、「かくて、独占資本はその独占価格設定に際して、この限界経営部分による生産物の限界個別的価値または限界個別的生産価格を基準とするであろうと考えられる。『限界原理』は依然として作用しているといわなければならない」と結ばれている（102-116頁参照）。以上は、松尾氏の「独占理論の展開・試論」のなかでの貴重な理論的成果の一端である。

　＊松尾博氏は、かくして白杉氏の限界原理における「調節的市場価格」を理論的には「不明瞭な箇所」における「特殊規定」たる市場価値規定を媒介として、「好況期の再生産の基準として機能することによって市場価値に転化する」とされるのであるが、その場合に「好況期」の限定は取り除かれるのであろうか。もしそうだとすれば、市場価値の「特殊規定」を現代的に「独占存在のケース」としても再把握すべきだと解釈した大島雄一氏の見解（文献［31］373頁）や独占資本主義の再生産条件への適用可能性についての私の主張（拙稿「マルクス市場価値論の一解釈——独占価格論への上向的一契機——」、『立命館大学大学院論集』創刊号、立命館大学大学院生協議会、1965年4月参照）と著しく接近することを意味している。

ついで，平瀬氏と白杉氏の独占理論体系の相違を正確に理解するために，以下それぞれの独占理論を整理ないしコメントしておくことにしよう。

3. 平瀬氏の独占理論体系

　平瀬巳之吉氏は，文献［1］において，その後も貫かれる独占資本主義観を明確なものとされている。氏は，「資本一般」の論理では到底取り扱えぬ領域の価格，それが独占段階での市場価格＝独占価格だと規定したうえで，この独占価格は「二つの形態もしくは段階でわけて考えねばならぬ」，という解釈を明示された（397-406頁参照）。第1は「通常の意味での独占価格」*であり，第2は「本来的独占価格」**とされたのである。まず，前者は，「資本一般」の論理の枠内での独占価格であり，「マルクスが，価値以上または以下での販売は剰余価値の再分配たるのみ」と述べたり，「その独占利潤の大小は『資本家相互間のだましあい』」や「『資本家の狡智と勤勉』に依存する」と説明しているような独占にもとづく価格である。このような独占価格の運動限界は『資本論』第三部第50章で明確に価値法則に従うと規定した。ついで，後者「本来的独占価格」とは，「価値や生産価格からの一時的偶然的偏倚でもなく，価値とも生産価格とも一致しない段階もしくは形態の独占価格」であり，マルクスが「買手の欲望と支払能力とによって決定される」として「競争論」の課題に留保した独占価格のことであるが，「これは，個別的にも総体的にも究局，価値とも生産価格とも一致しないで永きにわたって価値や生産価格を超過し，価値や生産価格を運動の一般限界とすることもなければ，平均利潤の形成にも参加せず，それゆえ賃銀や他の利潤へのくいこみという国民所得もしくは剰余価値のたんなる再分配からでなくその超過利潤が成立する価格である。価値＝価格一致が破れたところで成立する独占価格」だとされ，「その超過利潤」は剰余価値の再分配という「静態的な」実物的接近の論理では把握できず，生産された物以上に支払う「動態的な」貨幣的分析によってのみなされるのである。

そして平瀬氏は，体制的過剰生産と貨幣の追加投入が「本来的独占価格」を解く鍵であり，これの解決は「資本一般」の論理体系＝平均利潤の体系の崩壊を意味すると結論されていたのである。

＊平瀬氏の区別した，マルクスにおける(1)「通常の意味での独占価格」と(2)「本来的独占価格」の妥当性については，氏が「本来的独占価格」は価値法則に従わない（正確に言えば，独占段階における平均化機構をすべて否定し，さらに「商品の価値はその生産に必要な個別的労働時間によって規定される」文献［2］137頁）とされる点で私の見地とは全く異なるが，ともあれマルクスの独占概念検討には不可欠な箇所でもあるので，煩を厭わずに（訳語は同一ではない）掲げておきたい。

(1)「通常の意味での独占価格」

「普通の意味での独占すなわち人為的または自然的な独占の結果である超過利潤についてはここでは述べない」(*KⅢ*, S. 209. *MEGA*, Ⅱ/15, S. 198.)。「諸商品が互いに交換されるさいの価格が諸商品の価値とほぼ一致するための」必要条件の第3点として，「販売を問題にするかぎりでは，自然的または人為的な独占によって取引当事者の一方が価値よりも高く売ることができるとか，価値よりも安く手放さなければならなくなるとかいうことがないということ。われわれが偶然的な独占と言うのは，需要供給の偶然的状態から買い手または売り手にとって生ずる独占のことである」(*KⅢ*, S. 187. *MEGA*, Ⅱ/15, S. 178.)。次の箇所は，平瀬氏は明示していないが「不断の不均等の不断の平均化がますます速く行われる」ための条件として，マルクスは資本の可動性と労働力の可動性を指摘し，前者の前提として，「社会のなかでの商業の完全な自由」などとともに，「自然的な独占以外の，すなわち資本主義的生産様式そのものから生ずる独占以外の，あらゆる独占の排除」を列挙している（Cf. *KⅢ*, S. 206. *MEGA*, Ⅱ/15, S. 196.）。

「商品の費用価格を越える商品価値の超過分は直接的生産過程で生ずるのではあるが，それは流通過程ではじめて実現されるのであって，それが流通過程から生ずるかのような外観をますますもちやすくなるのは，この超過分が実現されるかどうか，またどの程度に実現されるかは，現実には，競争のなかでは，現実の市場では市場の状況にかかっているからである。ここで論ずる必要もないことであるが，ある商品がその価値よりも高く売られたり安く売られたりしても，ただ剰余価値の分配の変化が生ずるだけであり，

また，このような分配の変化，すなわちいろいろな人々が剰余価値を分け取る割合の変化は，剰余価値の量やその性質を少しも変えるものでないのである」。なお，その一例として資本家どうしの「ごまかし合い」を指摘している（Cf. *KⅢ*, S. 53. *MEGA*, Ⅱ/15, S. 46.）。

　また平瀬氏の指摘する「資本家の狡智と勤勉」については，次の文中にある。「生産価格のことは別として，資本家が購入や販売を生産価格よりも高い価格でするか低い価格でするか，つまり流通過程のなかで総剰余価値のより大きい部分を取得するかより小さい部分を取得するか，またどの程度までそうするかは，そのときどきの市況によって違い，また各個の取引では資本家のずるさや勤勉さの程度にかかっている。しかし，いずれにせよ総剰余価値の量的な分割はここでは質的な分割［貨幣資本家の利子と機能資本家の企業者利得をさす］に転化する」（*KⅢ*, S. 387. *MEGA*, Ⅱ/15, S. 364.）。

　「いろいろな生産部面での剰余価値の平均利潤への平均化が，人為的または自然的な独占，またことに土地所有の独占という障害にぶつかって，そのために，独占の作用を受ける商品の生産価格をも価値をも越えるような独占価格が可能になるとしても，商品の価値によって与えられている限界がそれによって解消されることにはならないであろう。ある商品の独占価格は，ただ，他の商品生産者たちの利潤の一部分を，独占価格をもつ商品に移すだけであろう。間接にはいろいろな生産部面のあいだでの剰余価値の分配に局部的な攪乱が生ずることもあるであろうが，この攪乱もこの剰余価値そのものの限界を変えはしないであろう。もし独占価格をもつ商品が労働者の必要消費にはいるとすれば，その商品は労賃を高くし，したがって剰余価値を減らすであろう。といっても，そうなるのは，労働者がこれまでどおりに自分の労働力の価値を支払ってもらう場合のことであるが。その商品が労賃を労働力の価値よりも低く押し下げることもあるであろうが，そうなるのは，ただ，労賃がその肉体的最低限界よりも上にあるかぎりでのことである。このような場合には，独占価格は，実質労賃（すなわち労働者が同じ量の労働によって受け取るであろう使用価値の量）からの控除や他の資本家たちの利潤からの控除によって支払われることになるであろう。独占価格が商品価格の正常な調節に影響を与える限界は，確定されていて正確に計算できるものであろう」（*KⅢ*, S. 868-869. *MEGA*, Ⅱ/15, S. 834.）。

なお，平瀬氏は指摘していないが，「通常の意味での独占価格」という表現自体は，絶対地代の説明の誤謬という文脈のなかにも認められる（Cf. *KIII*, S. 766. *MEGA*, II/15, S. 735.）。
＊＊平瀬氏のいう(2)「本来的独占価格」の典拠は，以下のとおりである。
　「地代のこの両形態は唯一の正常な形態である。この両形態のほかには，地代はただ本来の独占価格にもとづいていることがありうるだけで，この独占価格は，商品の生産価格によって規定されるのでもなく，買い手の欲望と支払能力とによって規定されるのであって，その考察は，市場価格の現実の運動を研究する競争論に属するものである」（*KIII*, S. 772. *MEGA*, II/15, S. 741.）。
　「われわれが独占価格と言うのは，一般に次のような価格のことである。すなわち，生産物の一般的生産価格によって規定される価格にも生産物の価値によって規定される価格にもかかわりなく，ただ買い手の購買欲と支払能力だけによって規定されている価格のことである」（*KIII*, S. 783. *MEGA*, II/15, S. 751.）。

　次に，平瀬氏の理論体系は，その基本的な構想と内容とを文献［2］に見ることができる。この著作で平瀬氏は，「はしがき」のなかで「資本一般の論理分析」は「いわば独占資本主義という現代の段階視角から再構成された資本一般の論理」だと明言したうえで，以下，序説「資本一般の基礎範疇と現代資本主義」，第一部「資本一般の価値法則」，第二部「資本一般の利潤法則と現代独占価格」，第三部「賃金ベースの理論」を展開されている。
　平瀬氏による独占資本主義の認識は上記「序説」に集約的に述べられている。したがって，重要だと考えられる内容を確認しておこう（ただし，以下は平瀬氏の原文どおりではない）。
　「一般」とは特殊をうちにつつんで発展する全体でなければならず，特殊とはこのような「一般」が時間的場所的部分的に自己を限定して現れたものである。「一般」は特殊をとおして自己顕現するほかなく，「資本一般の論理」とは産業資本の論理のことである。ただし，ここでいう産業資本とは，産業資本の主導する自由競争段階の産業資本のことである。産業資本というだけなら現代

の独占資本主義にもあるが，それはもはや資本一般ではない。社会科学における必要で十分な前提は，論理的かつ歴史的でなければならず，このような前提を基礎範疇と呼ぶとすれば，資本一般の論理は「完全競争」と「完全雇用」という2つの基礎範疇をもっていた。そこで，これら2大基礎範疇が問題とされる。まず，「完全競争」範疇の崩壊。自由競争は一種の弱肉強食過程だから，その結果として必然的に独占を生みだす。1860〜70年代は世界史的規模での自由競争から独占資本主義への段階画期として特徴づけられ，90年代以降，独占的産業資本と独占的銀行資本との統一一体たる金融資本の支配が確立する。このような独占資本は資本の退廃化の様相であって，資本の純粋典型の代表ではない。それゆえに，独占資本主義は資本主義の退廃化の過程として現れる。資本主義の黄金時代は過ぎた。産業資本のみが資本一般である。産業資本すなわち資本一般の段階と独占資本主義とを区別する本質的徴表は，したがって自由競争（極限が論理的抽象としての完全競争）対独占（実在するのは完全独占ではなく，独占的競争）である。むろん，マルクスは独占を知っている。彼は，本来的集中や資本独占の問題を提起した。しかし，それらは「資本一般」の段階原理である『資本論』の対象圏外のものとされた。したがって，一時的例外的な独占，価値と一致するかぎりでの独占価格は扱われているが，本来的独占価格は扱われない。なぜなら，「資本一般の考察では，商品の価値と一致する価格が前提される」のだからであり，「価値か生産価格かを問題とすべきここでは，独占は重要でない」のだからである。それゆえ，マルクス現行『資本論』体系は，価値（＝価格一致）の体系，平均利潤の体系，として現れる。要するに，独占はマルクス現行『資本論』体系の基礎範疇ではない。彼の体系は完全競争の体系なのである。つぎに「完全雇用」範疇の崩壊。マルクスには，産業予備軍と相対的過剰人口の理論という失業の「理論」はある。しかし，それは体系の基礎範疇ではない。また，マルクスには恐慌の「理論」はあるが，『資本論』は過剰生産の体系ではなく，過剰生産を基礎範疇とするものではなかった。再び価値論や利潤論や賃金論を想起すれば，平均労働時間による価値規定や平均利潤運動や平均賃金論は，過剰生産の体制のなかでは絶対に成立し

えない。逆に，完全雇用をこそ基礎範疇としなければならない。

ついで，すでに白杉氏との論争過程にあった平瀬氏の独占利潤論についての主張を上記の第二部第二章「現代資本主義の利潤法則」のなかから摘記しておこう。

いま独占価格の指令によって新たに追加投入された貨幣10もまた独占資本家のもとに滞留する。（流通速度を乗ずれば30で，価値をこえる価格にちょうど対応する。）こうしてこの30は貨幣利潤として，総価値の再分配以外に，それへの一追加として独占利潤となり，A群（独占資本家群）の手に入る。現代の独占利潤の一部はこうしてひとまず流通利潤である。こうみないと，価値再分配論つまり生産利潤論だけでは，あたかも生まれながらの本来的独占価格ででもあるかのような顔であらわれ，法外な価格つりあげによる現代の巨大な独占利潤はとても説明がつかない。換言すれば，現代の独占利潤は，生産利潤論，価値再分配論，要するに実物分析の論理だけでは説明しきれない部分を残す。「利潤は剰余価値の現象形態である」と実物的にばかりはいいきれない利潤部分が存在する。「実物」「実体」にだけ目をつけたかぎりで生産利潤論としてでてきたマルクスの第1命題では割り切れない部分がある。この部分こそ，ひとまず貨幣利潤として，生産利潤ならぬ流通利潤だとわたくしはいうのである。つまり，現代の独占利潤を説明するためには，価値再分配論のほかにどのような追加要因が必要であるかを，封鎖体制のなかでいちおう説明しようとしたのが，わたくしの貨幣＝流通利潤論であった，と。

4. 白杉氏の独占理論体系

白杉氏の理論体系に移ろう。文献［13］の「解説」で記したように白杉経済理論体系の篇別構成は，ほぼ次のとおりである。第1篇「序説」（第1章「経済」，第2章「経済学」，第3章「理論経済学の発達」），第2篇「価値の理論」，第3篇「剰余価値の理論」（第1章「生産の一般的規定」，第2章「資本

制生産の成立」,第3章「資本の生産過程 その1」,第4章「資本の生産過程 その2」,第5章「資本の生産過程 その3」,第6章「独占的剰余価値の生産」,第7章「資本制生産から社会主義的生産への移行」,第8章「社会主義的生産」),第4篇「価格の理論」(第1章「価値の生産価格への転化」,第2章「自由競争価格」,第3章「独占価格」,第4章「インフレーション」,第5章「社会主義価格」),第5篇「所得の理論」(第1章「労賃」,第2章「利潤」,第3章「利子」,第4章「企業者利得」,第5章「地代」,第6章「社会主義社会における所得範疇」),第6篇「経済成長と景気循環の理論」(第1章「再生産と経済成長」,第2章以下の区分はない。「景気循環論」については次のような構成。[景気循環に関する]宇野理論批判,シュムペーターの景気循環論,[資本制生産一般と景気循環],独占段階における景気循環)。これらの執筆プランが白杉氏自身の手で完遂されるには至らなかったが,第1篇「序説」から第3篇第3章までは滋賀大学講義用プリント『経済原論』などで仕上げられ,第2篇「価値の理論」は同名の著作として,また第3篇第6章と第7章の主要部分は『独占理論の研究』として公刊された。さらに膨大な遺稿のうち,第4篇「価格の理論」全文と第6篇後半部分の「景気循環論」を収めたものが文献[13]である。

　ここでは,本稿の主題に関係する限りにおいて,白杉理論の特徴を簡潔に整理し,併せて若干のコメントを付すことにしたい。

　まず,杉原四郎氏は白杉独占理論のいわば「二大特質」を,次の「独占的剰余価値範疇の定立」と「価値・価格論における平均原理と限界原理の関係」に求められている。

　(1)独占資本主義の経済法則究明という問題は,白杉氏によれば独占的剰余価値という新しい範疇を中軸とする独占理論によってはじめて現代資本主義の現実とそのイデオロギーとを無理なく批判しうると考えられていること(文献[15]8頁参照)。

　(2)また,白杉理論の礎石は文献[10]ですでに据えられており,その独占理論の核心は価値・価格論における「平均原理と限界原理」についての白杉氏

独自の研究のライト・モティーフにあること（同上，8-9頁参照）。

さらに，松尾博氏も文献［19］のなかで，「白杉独占理論は，特別剰余価値論と限界原理とをその基礎理論とするのであるが，しかもそれらにきわめて独自的な解釈が施されている。それ故，白杉独占理論を取り上げようとすれば，その独占理論自体に立ち入るに先立って，これら基礎理論を十分に検討すべくせまられるのである」（6頁）と記されている。

杉原・松尾両氏による共通の指摘に私も賛同し，かつ白杉独占理論のエッセンスについては松尾氏の上記文献［19］（5-6頁）を参照していただきたい。

さて，私なりに以下，次頁の図式*にもとづいて白杉独占理論の骨格に関して重要だと思われる論点を指摘しておくことにしたい。

*この図式は文献［21］で用いたものであるが，説明の便宜上掲げることにする。むろん，現時点においては，文献［13］の公刊によって，白杉氏が独占利潤の源泉の問題に関して，その基本的部分を独占資本自体のいわゆる生産利潤に求めている基調に変化はないうえに，他面ではいわゆる流通利潤の考察を十分に展開していることをわれわれは知っている。しかも，この図式では，独占段階における資本間関係の総体が明示的でない点や，資本主義発展の段階的特質と資本一般の経済法則との関係を「対自的対立」と呼称している。後者については，論理体系内部に含まれている「矛盾」，ないしは関連の論理体系への吸収の未完性を表現しようとしたものであったが，これらの説明は今後いっそう検討し直す必要があろう。

（1）独占資本主義の体系的解明の基礎に，資本の直接的生産過程視角からの分析を踏まえねばならないことは，白杉独占理論の理解にとどまらず独占理論体系化の核心としても，強調しすぎることのないほど重要かつ基本的な視角である。その意味で「独占的剰余価値」範疇の定立は，白杉理論のきわめて重要な理論的貢献でもある。しかも需給一致の大前提（『資本論』第一部の分析）をはずした（換言すれば，需給それ自体＝再生産の条件が課題となる）『資本論』第三部第10章の論理次元にあたる「市場価値水準そのものが可変」のケースを問題とされていることは，まったく正当なことである。しかし，白杉氏の事

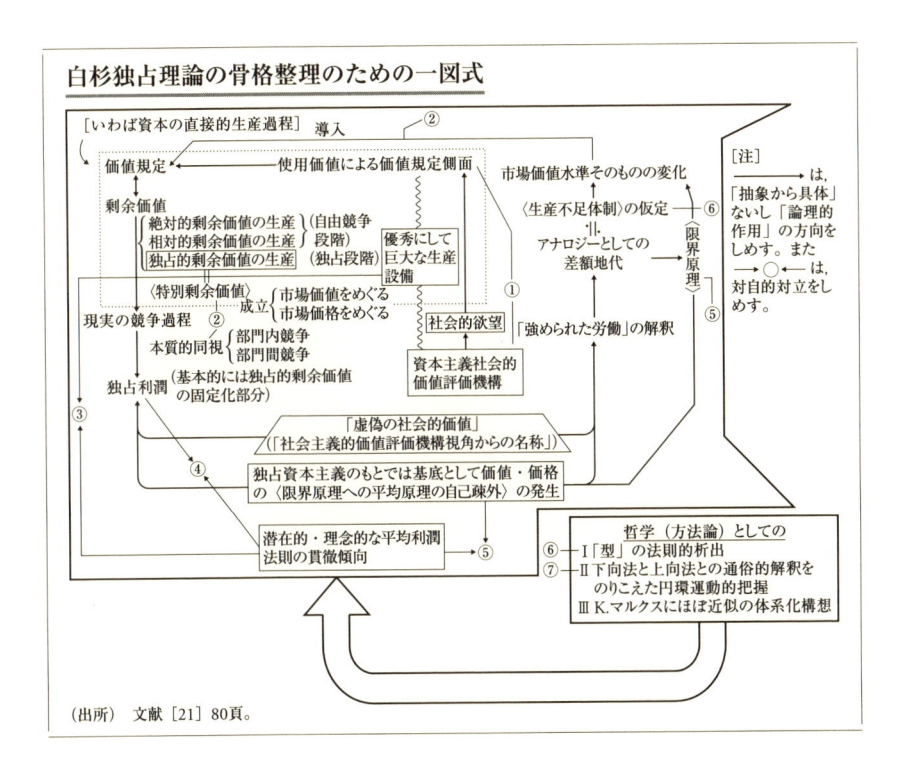

4. 白杉氏の独占理論体系　155

```
┌─────────────────────────────────────────────────────────────────────────┐
│ 白杉独占理論の骨格整理のための一図式                                      │
└─────────────────────────────────────────────────────────────────────────┘
```

［いわば資本の直接的生産過程］　導入　②
　価値規定　←──　使用価値による価値規定側面　　　市場価値水準そのものの変化　　　［注］
　　剰余価値　　　　　　　　　　　　　　　　　　　〈生産不足体制〉の仮定　　　　　──→ は，「抽象から具体」
　　　絶対的剰余価値の生産（自由競争　　優秀にして　　　　　Ⅱ．　　　　　　　　　　　　　ないし「論理的
　　　相対的剰余価値の生産　段階）　　　巨大な生産　　アナロジーとしての　　　⑥〈限　作用」の方向を
　　　独占的剰余価値の生産（独占段階）　設備　　　　　差額地代　　　　　　　　界原　しめす。また
　　　〈特別剰余価値〉成立　市場価値をめぐる　　　　　　　　　　　　　　　　　　理〉　○←── は，
　現実の競争過程　②　　　　市場価格をめぐる　　　社会的欲望　　　　　　　　　⑤　対自的対立をし
　本質的同視　　部門内競争　　　　　　　　　　　　　　　　　　　　　　　　　　　　めす。
　　　　　　　　部門間競争　　　　　　　　　　「強められた労働」の解釈
　　　　　　　（基本的には独占的剰余価値　　資本主義社会的
　　　　　　　　の固定化部分）　　　　　　　価値評価機構
　独占利潤
③　　　　　　　　　　「虚偽の社会的価値」
　　　　　　　　　（「社会主義的価値評価機構視角からの名称」）
　　　　　　　　④　独占資本主義のもとでは基底として価値・価格
　　　　　　　　　　の〈限界原理への平均原理の自己疎外〉の発生
　　　　　　　　　　　　　　　　　　　　　　　　　　哲学（方法論）としての
　　　　潜在的・理念的な平均利潤　　　　　　　　　⑥　Ⅰ「型」の法則的析出
　　　　法則の貫徹傾向　　　　　　　　→⑤　　　　⑦　Ⅱ下向法と上向法との通俗的解釈を
　　　　　　　　　　　　　　　　　　　　　　　　　　　のりこえた円環運動的把握
　　　　　　　　　　　　　　　　　　　　　　　　　　Ⅲ K.マルクスにほぼ近似の体系化構想

（出所）　文献［21］80頁。

実上の論理的前提が，「体制認識」ともいうべき独占の支配・強制関係という独占の本質理解との関連に不明確さを残しているとともに，〈需要過剰・供給不足体制〉の仮説と結びついているように思われる。このことは，白杉氏の方法的論文「理論経済学の方法についての一つの覚書」（『彦根論叢』第25号，滋賀大学経済学会，1955年5月）における「型」の析出と関係しているであろう［図式の⑥参照，以下番号のみ記す］。

　(2) 白杉理論には生産価格次元と価値次元の混同がみられるという多くの論者の指摘は，白杉氏の〈円環運動的把握視点〉を正確に理解し，白杉理論の文脈を詳細に検討するならば，必ずしも混同とは断言できないであろう。この点に関し，白杉氏は部門内競争と部門間競争とを同じように取り扱うことができるとされている。このことは現実の競争過程が両者の絡み合い・統一であると

いうことから主張されているのであるが，他方白杉氏がまだ独占段階における市場生産価格論プロパーの領域にまで理論を具体的に体系化されてはいない次元での論点であることにこそ，留意する必要があろう［②］。

　（3）しかし，白杉理論の「根本問題」は，次の点にあるように思われる。すなわち，独占資本主義の「型」の法則的析出＝特徴づけにあたって，価値・価格両者にかかわって〈平均原理の限界原理への自己疎外〉として白杉理論の枠組みの基底にいわば措定されたことにあり，そのことの意味内容が「平均利潤法則は独占段階においても依然として潜在的には貫徹する」（文献［11］94および103頁参照）こととの統一性がなお不十分である。図式のなかで，③・④および⑤を付した論点がなお「向自的な」体系的統一性にまで高められているようには思われない。この外見的パラドックス，「即自的」ないし「対自的」次元での矛盾関係を統一的な全論理体系のなかに整序することがなお残されているように思われる。このことは，白杉氏の理論的問題提起性をこそ貴重なものと考え，その理論的精髄をさらに展開する可能性が含まれているとむしろ積極的に評価すべきだろう。「独占的競争」の内容理解をその一例として取り上げてみよう。「優秀にして巨大な生産設備」（文献［11］28頁）を物的基礎とする独占の市場支配力強化要因すなわち〈競争制限要因〉は，同時に「参入阻止要因」たる最低必要資本量増大を意味しているが，それは他面での独占段階においても利潤率均等化傾向を社会的・統一的に貫徹させるいわば〈競争促進要因〉（技術革新競争を含む）といかに内的に関連し，しかも独占利潤の基本的部分としての「特別剰余価値の固定化」を長期にわたっていかに保証しうるかという課題がある。私見では，解決の論理は，完全独占を想定するのではなくて，現代独占＝寡占間競争の現実がそうであるように，独占段階においても競争要因を間欠的に重視するという観点の堅持である。また，平均原理と限界原理の理解についても，両者を二律背反的に解釈し白杉理論を批判する論者も多いが，私見では両原理の作用領域を単に農業と工業という産業部面の相違に求めるのではなく，独占段階における再生産条件＝標準的生産条件を規制する価値法則の変容された貫徹形態解明のための原理としての側面をより重視する必要があ

(4)白杉理論における最大の難問は，その価値論にある［①および②］。文献［10］における「商品の価値は単に抽象的人間労働を実体とするものではなくて，その裏側からいえば同時に使用価値一般である」(73頁) との指摘は，「市場価値論」では社会的需給関係＝再生産条件を考慮に入れねばならないとの含意であれば，了解しうる観点であろう。白杉価値論には，その傍証箇所といったものも散見しうる。とはいえ，多くの白杉批判者が価格規定に関する原理と理解しているいわゆる限界原理は白杉氏の真意では文献［12］に明示されているように実は価値規定にもかかわっている (150-165頁参照)。白杉氏によれば，使用価値による間接的価値規定の側面は次第にはっきりと「社会的欲望→社会的需要→社会的評価→社会的評価機構」というシェーマに仕上げられ，使用価値一般が当初の消極的な価値参与から価値の実体を担う積極的役割を占めるにいたるところに重要な理論的意義があるように思われるからである。もしそうだとすれば，このような白杉価値論は，マルクス価値論の根本問題に触れる側面をもつことになろう。しかも，これの理論的位置は前記図式に明らかなように，白杉独占理論全体系のいわば生命線にもあるいはかかわる重要性をもつことになるが，それゆえになお十分な検討を必要とする課題である。これに関連して，岡崎栄松氏と吉田茂芳氏との間でなされた「使用価値の捨象をめぐる論争」(岡崎栄松「いわゆる使用価値の捨象にかんする一考察」，『立命館経済学』第11巻第1・2合併号，1962年6月，吉田茂芳「いわゆる使用価値の捨象について」，『龍谷大学経済学論集』第2巻第3号，1962年12月，岡崎栄松「白杉価値論にかんする若干の考察」，『立命館経済学』第11巻第5・6合併号，1963年2月) が想起されるべきである。岡崎氏の第2論文は吉田批判への回答でもあるが，その論文の末尾で白杉氏の効用測定論を「端的にいって白杉教授の効用測定論は，その理論的性格の点ではスミスの支配労働説とほとんど異なるところがない」(169頁) と鋭く批判されている。「理論的性格」の適用範囲いかんにもよるが，独占資本主義の再生産の要因としての社会的需給関係を含む論理次元においても白杉氏の問題提起の一側面をこのように断じてよいかどうかについては，なお検討の余地が残されているように

思われる。

5. 独占価格・独占利潤の把握

　独占価格は，『資本論』体系における論理次元での「生産価格」ではなく，むしろ「市場価格」の範疇に属すると考えられる。そうだとすれば，独占利潤も費用価格プラス平均利潤によって示される生産価格を構成する平均利潤と直接対比しうるそれと同一の論理次元で論じることはできない。

　それゆえに，独占理論の一部にみられるような「独占価格は生産価格以上に吊り上げられた価格」だとか，「独占利潤は平均利潤を超過する利潤部分」だという規定の仕方は，それだけを取り上げるさいには誤解を生みかねない。もしこの規定に妥当する側面があるとするならば，その表現が『資本論』体系における価値・生産価格＝市場調節的生産価格・市場価値・市場価格などの諸規定とそれらの相互連関の論証という多くの中間的な媒介環の展開を必要としていることは明白であるが，にもかかわらず上記の諸規定の意図するところが『資本論』体系の諸範疇は独占価格・独占利潤の解明にとっての「対比基準」をきわめて本質論的・認識論的に提示している点にあろう。

　それでは，論理的に，『資本論』体系で用いられている諸範疇と現実の独占価格・独占利潤解明のための中間的媒介環をどのように埋めたらよいのであろうか。その課題の中心は，独占段階における平均利潤法則・生産価格法則の貫徹の可否を問うことであろう。

　ルドルフ・ヒルファディングは周知のように，カルテル価格との関連において，独占資本主義のもとでの平均利潤法則の変容について問題提起した。「カルテル化は，さしあたり，利潤率のある変更を意味する。この変更は，他の資本主義的諸産業の利潤率を犠牲にしておこなわれる。これらの利潤率を同一水準に均等化することは，資本の移動によってはできない。というのは，カルテル化は，まさに，資本がその投資部面のために，競争することを，はぐんでい

るからである」(ヒルファディング『金融資本論』林要訳,大月書店,1952年,380頁)。

フレット・エルスナーは,1960年に,「独占理論によせて」*という論文を公にしたが,そのなかで,ソ連と東独における当時の諸見解を「独占資本主義のもとでの平均利潤率法則の作用にかんする4つの見解」に整理した。

> *Fred Oelßner, Ein Beitrag zur Monopoltheorie, *Probleme der politschen Ökonomie*, Bd. 3, Akademie-Verlag, Berlin, 1960, S. 12-103. このうち,IV. Monopolpreis und Monopolprofit, S. 68-89. の全訳が以下のものである。フレット・エルスナー「独占価格と独占利潤」,櫻井・吉田・森・鶴谷・清水・一井訳『立命館経済学』第16巻第2号,1967年6月,74-107頁。なお,この論文は当該問題についての包括的な整理をなしたものであったために,これに言及した主要な文献には,次のものがある。高須賀義博『現代価格体系論序説』岩波書店,1965年,142-147頁参照。手嶋正毅『日本国家独占資本主義論』有斐閣,1966年,61-68頁参照。鶴田満彦「平均利潤法則と独占」,佐藤・岡崎・降旗・山口編『資本論を学ぶⅣ』有斐閣,1977年,164-165頁参照。高須賀義博「独占資本主義論の基礎カテゴリー」,高須賀義博編『独占資本主義論の展望』東洋経済新報社,1978年,64頁参照。松田弘三『危機にある独占資本主義の基礎範疇』忠誠堂,1982年,56-57頁参照。松尾博『独占理論と「資本論」』ミネルヴァ書房,1985年,84頁参照。仙田久仁男『価値と価格法則の理論』創風社,1992年,199頁参照。廣田精孝「独占価格と利潤率の平均化機構」,本間要一郎・富塚良三編『利潤・生産価格』(資本論体系5)有斐閣,1994年,347-348頁参照。

「1. 平均利潤率の法則は作用をつづける。その貫徹はきわめて困難であるが,結局,統一的社会的平均利潤率が貫徹する。この見解は,モトウィリョフ,メンデリソン,ヘンベルガーが代表する。これらの著者たちの見解が完全には一致していないことは明らかであり,とくにメンデリソンの立場については,まだ他にいうべきことがあろうが,しかし私はここでは,基本問題だけをとりあげる。／2. 二つの相異なる平均利潤率,つまり,独占部門の平均利潤率と非独占部門の平均利潤率が存在する。これがヴィゴツキーとブラウンの考えである。／3. 平均利潤率は非独占部門には存在するが,独占部門には存在しない。

ベーレンス等がこの見解である。／4. 平均利潤率はもはや一般には存在しない。なぜならば，それは独占資本主義の本質と矛盾するからである。これはテュリパーノフの見解であり，またある意味ではカルワイトの見解でもある」(S. 70, 訳80頁)。

　独占資本主義段階における平均利潤法則の作用について，上記第1〜第3説は何らかの意味での貫徹を肯定する考え方に立っているが，第4説は非貫徹説である。諸説の特徴を要約すれば，第1説から第4説へと移るにつれて，現象面により近づいているかのようにみえるが，逆に平均利潤法則・生産価格法則のもつ理論的抽象の範囲を狭くしている点にある。つまり，第1説は独占資本主義においても，資本間の競争要因ないし無政府生産を資本主義の本質として重視しており，その結果，独占利潤の源泉を大なり小なり特別剰余価値に求めている。それに対し，第4説は独占の本質は競争の対極概念であり，独占段階における利潤率の階層化傾向という現象面を重視するあまり平均化機構そのものまで否定し，その結果，独占利潤の源泉を独占の支配力にもとづく社会的総剰余価値の再配分に求めることになっている。第2〜第3説は，利潤率平均化機構の部分的有効性を認め，その作用範囲の認識が異なるという意味では，競争要因重視の第1説の修正的見地に立っている。白杉氏の見解は第2説に近いが，第1説を潜在的傾向として認めている。これに対し，平瀬氏の見解は基本的には第4説の立場にある。私は現実認識においても法則理解についても，白杉氏の見解が妥当だと考えている。この点で，レーニンが周知のことではあるが，次のように独占資本主義段階における競争の持続性を強調していたことが想起されるべきである。「独占は自由競争から発生しながらも自由競争を排除せず，自由競争のうえに，またこれとならんで存在し，このことによって，一連のとくに鋭くてはげしい矛盾，軋轢，紛争をうみだす。独占は資本主義からより高度の制度への過渡である」(レーニン『帝国主義』宇高基輔訳，岩波文庫，1956年，144-145頁)。

6. 平瀬・白杉論争の今日的意義

　白杉氏の提起した独占理論体系，とりわけ価値・剰余価値法則の具体化という方法的構想と独占利潤の生産過程的基礎の強調とは，諸説に少なからぬ影響を与えてきた。比較的近年においても，たとえば，小檜山政克氏は文献［39］『価値法則と独占価格』のなかで，白杉独占理論を次のように評価している。「白杉庄一郎氏の独占理論の中でわたくしにとって最も魅力的な主張に言及しなければならない。それは，流通主義的な独占利潤説を批判して生産過程からの独占利潤説を主張する白杉氏の観点である。これは内外の他の多くの経済学者の俗流的現象論的独占理論の中で，白杉氏の主張がとくにきわだって輝く特徴的な点である。といってわたくしは，前にはっきり述べたように，白杉氏の独占利潤論が正しいとは毛頭いっているのではない。わたくしがいうのは，氏の流通主義批判の観点であり，したがって，そこから出てくる氏の一貫した，価値論と独占利潤論とを論理的に厳密に結びつけようとする努力であり，また，独占利潤を不等価交換から求める説に対する白杉氏の批判である。価値論の事実上の崩壊を前にして，それを擁護発展貫徹させようとする氏の立場である」(95頁)。また，仙田久仁男氏は「独占的超過利潤」を「絶対地代と同じもの」と把握するユニークな解釈に立っているが，文献［44］のなかで，白杉氏の著作［11］をさして「私と同じように独占価格の価値の源泉を独占部門内にもとめた」点で「これは私の立場からは評価できる」(225頁)と述べている。

　独占資本主義の理論的体系化の必要性は，多国籍企業による「移転価格」のルートを含む企業内国際分業がますます進展するとともに，きわめて少数の寡占企業が巨大な内部留保を蓄積しつつ一国の輸出入額の大きなシェアを占めるにいたっているという現代世界経済の実態に照らしても，その重要な意義を失ってはいない。むしろ，国民経済的な閉鎖モデルというよりも，国際価値論研究の前進が求められるようなグローバルな現実の資本運動を表象に浮かべ，またそれ自体を分析する作業とを併行させることが重要であろう。このような

時代状況のなかにおいて，白杉理論のもつ生産過程分析重視という基本的見地＝主軸と平瀬理論があるいは意図していた制度論的・金融論的接近という観点＝副軸は，ともに新たな現実的課題の解明のための基礎理論として鍛え上げていかなければならない。

主要関連文献

［１］平瀬巳之吉『経済学の古典と近代』時潮社，1954年。
［２］平瀬巳之吉『独占資本主義の経済理論』未来社，1959年。
［３］平瀬巳之吉「白杉独占理論の構造——特別剰余価値は独占利潤の源泉でありうるか——」，『立命館経済学』第11巻第1・2合併号，1962年6月。
［４］平瀬巳之吉『経済学 四つの未決問題』未来社，1967年。
［５］平瀬巳之吉編著『経済学 歴史と現代』時潮社，1974年。
［６］平瀬巳之吉『独占分析の型と批判』未来社，1975年。
［７］平瀬巳之吉『実物分析と貨幣的分析』未来社，1979年。
［８］平瀬巳之吉『経済学総論』未来社，1979年。
［９］平瀬巳之吉『「資本論」現代考』未来社，1983年。
［10］白杉庄一郎『価値の理論』ミネルヴァ書房，1955年。
［11］白杉庄一郎『独占理論の研究』ミネルヴァ書房，1961年。
［12］白杉庄一郎『独占理論と地代法則』ミネルヴァ書房，1963年。
［13］白杉庄一郎『価格の理論・景気循環論』（一井昭編）中央大学出版部，1989年。
［14］経済理論学会編『独占資本主義の研究』（現代経済学叢書３）青木書店，1963年。これには，経済理論学会第5～第8回大会共通論題報告要旨が掲載されている。
［15］杉原四郎「白杉博士の業績解説——経済理論——」，『白杉庄一郎博士追悼論文集』同学生刊行委員会，1962年。これには，1955年10月から1962年1月までの白杉理論をめぐる関連文献が掲載されている。
［16］松田弘三「独占的剰余価値と価値・価格理論——平瀬教授の白杉独占理論批判の検討——」，『立命館経済学』第11巻第5・6合併号，1963年2月。
［17］松田弘三『独占と恐慌の理論』新評論，1980年。なお，これの事実上の改訂版が『危

機にある独占資本主義の基礎範疇』忠誠堂，1982年である．
[18] 松尾博「独占的剰余価値論の基礎理論——平瀬教授の白杉説批判によせて——」，『彦根論叢』第93-96合併号，1963年2月．
[19] 松尾博『独占理論と「資本論」』ミネルヴァ書房，1985年．
[20] 一井昭「独占利潤の源泉」，『白杉庄一郎博士追悼論文集』同学生刊行委員会，1962年．
[21] 一井昭「白杉独占理論にかんする若干の考察——経済学の方法と体系——」，『鹿児島県立短期大学紀要』第20号，1969年．これには，1962年7月から1969年までの白杉理論をめぐる関連文献が掲載されている．
[22] 北原勇「市場構造と価格支配——独占価格論序説——」，慶應義塾大学『経済学年報』5，1962年．
[23] 北原勇『独占資本主義の理論』有斐閣，1977年．
[24] 田口芳明「『独占的剰余価値』説の再構成」，『経済学雑誌』第47巻第3号，1962年9月．
[25] 井上晴丸「いわゆる『平均化原理』と『限界原理』——白杉理論への疑問——」，『立命館経済学』第11巻第5・6合併号，1963年2月．
[26] 本間要一郎「独占価格・独占利潤論」，『現代帝国主義講座』第Ⅴ巻，日本評論新社，1963年．
[27] 本間要一郎『競争と独占』新評論，1974年．
[28] 本間要一郎『現代資本主義分析の基礎理論』岩波書店，1984年．
[29] 大島雄一「独占利潤の法則について——いわゆる白杉理論の一検討——」，『経済科学』第10巻第3号，1963年3月．
[30] 大島雄一「独占利潤の源泉について——若干の方法論的反省——」，『経済科学』第12巻第2号，1964年12月．
[31] 大島雄一『価格と資本の理論』未来社，1965年．
[32] 西口直治郎「『独占理論と地代法則』批判——差額地代の根拠について——」，『経済学雑誌』第50巻第6号，1964年6月．
[33] 西口直治郎「社会的価値の『限界原理』——白杉教授の期間規定について——」，『経済学雑誌』第51巻第1号，1964年7月．
[34] 高須賀義博『現代価格体系論序説』岩波書店，1965年．

[35] 井上周八「『差額地代』と『価値』——白杉庄一郎教授の所説に関連して——(一)〜(八)」,『立教経済学研究』第22巻第2号〜第24巻第1号, 1968年7月〜1970年5月。

[36] 古結昭和「平均利潤法則の変容と独占価格の決定」, 都留重人編『新しい政治経済学を求めて』第4集, 勁草書房, 1974年。

[37] 小川浩八郎「『虚偽の社会的価値』について——諸見解の検討を中心に——」,『経済学論纂』第22巻第2号, 1981年3月。のち若干の削除と加筆のうえ『経済学と地代理論（増補版）』青木書店, 1987年に収録。

[38] 小川浩八郎「白杉経済学の再評価のために」,『中央評論』第189号, 中央大学出版部, 1989年10月。

[39] 小檜山政克「二つの独占理論——白杉庄一郎氏とルダコワ女史——」,『立命館経済学』第30巻第3・4・5合併号, 1981年12月。のち加筆して『価値法則と独占価格』新評論, 1984年に収録。

[40] 小檜山政克「書評 白杉庄一郎著・一井昭編『価格の理論・景気循環論』」,『経済』1990年3月号, 新日本出版社。

[41] 高木彰『市場価値論の研究——市場価格論序説——』御茶の水書房, 1987年。

[42] 高木彰『現代オートメーションと経済学——現代資本主義論研究序説——』青木書店, 1995年。

[43] 鳥居伸好「書評 白杉庄一郎著・一井昭編『価格の理論・景気循環論』」,『土地制度史学』第129号, 土地制度史学会, 1990年10月。

[44] 仙田久仁男『価値と価格法則の理論』創風社, 1992年。

あとがき

　本書を貫く私のマルクス理解は，いわば公理ともいうべき次のきわめて単純・明快な土台（枠組み）を前提としている。その第1は，資本主義社会とは階級社会のひとつであり，その第2は資本主義のもとでの被支配階級は人口の圧倒的な多数を占める経済活動の担い手である労働者階級（いわゆる「サラリーマン階層」が主軸をなす）であり，そこから労働価値説に立脚することは自然なことであり，その第3は階級社会における社会科学研究＝真理探究においても階級的性格を帯びざるをえないということである。この単純かつ明白な原点＝視点を理解し得ないマルクス経済学講義の受講生は少なくない。しかし近年では，非正規労働やワーキングプアの実態が明らかとなるにつれて，いわば「魂」抜きのマルクス経済学理解が少しずつ変化してきている。いまこそ，理論的な水準を維持しながらの体系的なマルクス経済学の概説書が求められているように思われる。本書は，幾多の類書のあるなかで，独自の意義をどの程度もっているかについては，もちろん，読者の判断に委ねざるをえない。平明さを求めることは，厳格さを犠牲とせざるを得ない。論争問題などは注（＊）で明示したように今日までの学界水準を踏まえつつ，標準的なテキストブックとして執筆したものであるが，本書に含まれている不十分な点は読者の忌憚のない批判を得て，機会があれば改めていきたい。

　このような拙い著作でさえ，多くの学問的先達のおかげである。本書は専門的な学術書とは言い難いが，私が研究者として出発しようとしていた学部・大学院時代の指導教授のうち，白杉庄一郎，宮本義男，手嶋正毅の諸先生のお名前はとくに記しておきたい。これらの先生は，おそらく本書に対しても，幽明境を異にする世界から暖かく見守ってくださっていると信じている。

　想えば，本書は，鶴田満彦『現代政治経済学の理論』（青木書店，1977年）の「はしがき」で言及されていた私の執筆予定部分の欠落を埋めるという長年の「宿

題」を形を変えてやっと果たすことができたことにもなる。
　最後になりましたが，本書が刊行できたのは，ひとえに桜井書店の桜井香氏のご配慮と粘り強い励ましに加えて，本書の叙述改善のご助言のおかげであり，厚くお礼申し上げたい。

事項索引

あ行

アジア太平洋経済協力会議(APEC)……128
アメリカ(米国)……3, 104, 116, 117, 118, 119, 121, 124, 127, 128, 131, 133, 134
イギリス(英国)……3, 89, 104, 105, 116, 117, 124, 127, 133
ウェストファリア条約……83
ヴェトナム戦争……117
欧州連合(EU)……3, 118, 119, 124, 126, 128, 129, 134, 135

か行

外国貿易……28, 83
核兵器廃絶問題……84, 119
価値
 ――形態……37, 38, 39, 40
 ――実体……35, 37
 ――の大きさ……35, 36
 ――法則……36, 55, 67, 69, 70, 74, 75, 141, 143, 147, 148, 150, 156, 161
株式……105, 133
 ――会社……85, 92, 104, 105
 ――資本……28
貨幣……28, 38, 40, 41, 42, 43, 44, 45, 78
 ――の機能……42, 43, 44, 45
カルテル……94, 95, 97, 98, 100, 108, 158
管理通貨制……115, 120, 144
「経済学批判体系」プラン……26, 27
危機
 経済的――……3, 13
 世界金融――……3, 55, 131
 サブプライムローン――……3, 123, 126, 130, 132, 133
北大西洋条約機構(NATO)……117
恐慌……28, 43, 45, 67, 74, 83, 89, 90, 93, 107, 109, 115, 131, 151

世界——3, 55, 88, 106, 128, 130, 131
2008年世界——119
競争……28, 96, 99, 101, 103, 147, 148, 150, 155, 158, 160
　自由——13, 71, 85, 139, 151, 160
　諸資本の——67
　独占的——85, 100, 143, 151, 156
虚偽の社会的価値……80, 81, 155
金……3, 40, 42, 45, 116, 117, 118, 121, 131
金融寡頭制……85, 107
金融資本……85, 94, 96, 97, 100, 105, 106, 107, 108, 129, 151
金融派生商品……84, 123, 131, 132
グローバリズム……126
景気循環……83, 153
経済学
　「狭義の」——20, 21
　近代——3
　「広義の」——20, 21
　マルクス——3, 4, 20, 139, 165
　マルクスの——の方法……22, 23, 24, 25, 37
　——の系譜……15
（経済的）社会構成体……18, 19, 21
国際通貨基金（IMF）……116, 118, 119, 123, 131, 134
　原型IMF体制……109, 118
国際連合（国連）……116, 123
国民経済と世界経済……123
国家……28, 94, 109, 111, 113, 115, 120, 123, 125, 127, 130
　国民——83, 109, 114, 115, 118, 119, 124
　——的独占……112, 114
コミンテルン……111
コメコン……117
コンツェルン……97

さ行

再生産……56, 57, 70, 71, 109, 129
　拡大——56
　単純——56, 65
　社会的総資本の——62
　縮小——56
　——表式……62, 63, 64
産業資本……68, 71, 74, 106, 107, 108, 150, 151
参入阻止価格……96, 97, 101, 103, 144, 146
三位一体的範式批判……82
市場価格……69, 70, 71, 101, 140, 141, 143, 147, 150, 158
市場価値……69, 70, 71, 80, 101, 140, 145, 146, 154, 155, 157, 158
資本
　擬制——105
　商業——75, 108
　利子生み——77
　——の回転——60, 62, 72
　——の集積……73, 85, 91, 103, 106
　——の集中……73, 85
　——の循環——60
　——の総過程……67
　——の蓄積過程……56
　——の直接的生産過程……45, 60
　——の流通過程——60
　——の本源的蓄積……58, 59
資本一般……3, 4, 13, 22, 26, 27, 28, 54, 63, 66, 67, 69, 79, 83, 85, 87, 99, 100, 103, 109, 141, 147, 148, 150, 151, 154
資本主義（論）……3, 4, 94, 100, 101, 103, 104, 105, 107, 111, 119, 120, 123, 124, 125, 129, 131, 139, 141, 160, 165
　現代——3, 29, 84, 87, 88, 123, 137, 139, 143, 150, 152, 153

独占──3, 4, 28, 83, 85, 87, 88, 92, 93, 94, 96, 100, 101, 102, 103, 104, 107, 108, 109, 112, 120, 137, 139, 140, 141, 142, 146, 147, 150, 151, 153, 154, 156, 157, 159, 160
　国家独占──3, 4, 28, 29, 55, 83, 87, 88, 109, 111, 112, 113, 114, 115, 119, 120, 121, 123, 124, 129, 130, 131
　「自由競争」的──87, 89, 92, 97, 100, 101, 107
　──の危機……111
『資本論』……3, 101, 139, 151
　──第一部……26, 28, 30, 31, 91, 154
　──第二部……28, 63, 67
　──第三部……21, 28, 141, 147, 154
　──体系……13, 22, 26, 99, 102, 139, 151, 158
資本輸出……107, 108
　国家──……121
　──の現代的諸形態……121
　──の諸形態……107
　──の必要性……107
商品……28
　──の価値……32, 33, 35
　──の交換価値……32, 33, 37
　──の使用価値……32, 33
　──の二要因……32, 33, 36
剰余価値……48, 50, 51, 62, 63, 65, 71, 147, 148, 149, 152, 155
　絶対的──……50, 51, 52, 53, 155
　相対的──……50, 51, 52, 53, 142, 155
　特別──……52, 53, 71, 103, 104, 142, 143, 144, 145, 155, 156
シンジケート……94, 95
信用……28, 78, 96
　銀行──……78
　商業──……78

正規雇用(労働者)……55
　非──……55, 56
生産
　──の集積……85, 103, 106
　──の集中……85
生産と資本の集積=集中……87, 89, 90, 91, 96
生産価格……67, 68, 69, 71, 72, 80, 81, 97, 98, 99, 100, 101, 102, 103, 139, 140, 141, 143, 144, 147, 149, 150, 151, 153, 155, 158, 160
生産様式
　資本主義的──……18, 20, 21, 30, 31, 72, 73, 80, 148
　社会的──……18, 19, 20, 21, 49
　主導的──……124
世界銀行(IBRD)……116
世界市場……28, 83
　──恐慌……87
世界政治経済秩序……114, 116, 117, 124
世界貿易機関(WTO)……119, 126
全般的危機(論)……111, 119, 120
創業者利得……105
相対的過剰人口……57, 58
ソヴィエト(ソ連)……88, 116, 117

た行

第一次世界大戦……87, 88, 109, 111, 114
第二次世界大戦……88, 99, 100, 109, 111, 114, 120, 124
多国籍企業……122, 123, 161
多国籍銀行……122, 123
地球環境問題……84, 119
地代……79, 80, 81, 82, 150, 153
　差額──……79, 80, 81, 155
　絶対──……80, 81, 161,
帝国主義……85, 87, 93, 107, 108, 111, 120, 139

現代——121
　　古典的——107, 108
停滞基調……96
東南アジア諸国連合(ASEAN)……126
独占……89, 90, 92, 93, 94, 95, 96, 97, 98, 99, 106, 107, 146, 148, 149, 151, 155, 156, 160
　　本来的——価格……141, 147, 148, 150, 151, 152
　　通常の意味での——価格……141, 147, 148, 150
　　——価格……95, 97, 98, 99, 100, 102, 103, 104, 140, 141, 142, 143, 144, 146, 147, 149, 150, 152, 153, 158, 161
　　——利潤……95, 97, 98, 99, 100, 101, 102, 103, 104, 108, 109, 140, 142, 143, 144, 147, 152, 154, 155, 156, 158, 159, 160, 161
　　——理論……29, 99, 140, 145, 146, 147, 152, 153, 154, 158, 159, 161
独占資本……91, 103, 111, 115, 129, 143, 146, 154
土地所有……28, 79, 149
トラスト……94, 95, 96
ドル……3, 116, 117, 118, 131, 133, 134, 135

な行

南米南部共同市場(メルコスル)……126
日米安全保障条約……117
日本(日)……3, 104, 117, 118, 121, 124, 126, 127, 134, 135

は行

パクス・アメリカーナ……3, 88, 109, 111, 114, 115, 116, 117, 118, 121
パクス・コンソルティス……116, 118, 119
パクス・ブリタニカ……88, 89

ファンド
　　ソヴリンウェルス——121, 122, 133
　　ヘッジ——84, 122, 131, 133, 134, 135
福祉国家……3, 124, 128
　　北欧——124
ブレトンウッズ体制……116, 117
米州ボリバル代替構想(ALBA)——119, 128, 135
変動相場制——118, 121, 123, 131
北欧諸国……124
北米自由貿易協定(NAFTA)……126

ま行

マルクス主義の3つの源泉と3つの構成部分……17

ら行

リージョナリズム……126
利子(率)……76, 77
利潤(率)……108, 113, 121, 145, 152
　　平均——68, 69, 80, 98, 99, 100, 101, 102, 103, 104, 139, 140, 141, 143, 144, 147, 148, 149, 151, 155, 156, 158, 160
　　——傾向的低下法則——72, 73, 107
冷戦……109, 116, 117, 121
レジーム
　　福祉——29, 115, 118
　　蓄積——29, 109, 115, 118
　　雇用——115
労賃……53, 54, 149, 153
　　——の国民的相違——54, 55
労働
　　——の二重性——32, 33, 34, 35, 36
労働力……46, 47, 50, 148
　　——商品——46, 47, 53
　　——の価値——47, 53, 54, 149

わ行

ワルシャワ条約機構……117

一井 昭（いちい あきら）

1939年，京都市に生まれる。
1968年，立命館大学大学院経済学研究科博士課程退学（単位取得）。
鹿児島県立短期大学商経科専任講師・助教授，
1973年，中央大学経済学部助教授，のち教授
2010年，中央大学名誉教授
2014年1月7日，死去

主要著作
編著：
『白杉庄一郎 価格の理論・景気循環論』中央大学出版部，1989年。
共編著：
『現代資本主義と国民国家の変容』中央大学出版部，2009年。
『現代日本資本主義』中央大学出版部，2007年。
『私立大学の未来』大月書店，2004年。
共訳書：
A・ブリューワー『世界経済とマルクス経済学』中央大学出版部，1991年。
R・サウ『低開発資本主義論』中央大学出版部，1988年。
A・ギャンブル＆P・ウォルトン『現代資本主義の危機』新評論，1978年。
分担執筆：
立命館大学人文科学研究所研究叢書『グローバル化とリージョナリズム』（グローバル化の現代 第二巻）御茶の水書房，2009年。
経済学教育学会編『新時代の経済学入門』実教出版，1998年。
宮本義男・菱山泉編『教養の経済学』有斐閣，1978年。
高須賀義博編『独占資本主義論の展望』東洋経済新報社，1978年。
鶴田満彦ほか編『マルクス主義の経済思想』有斐閣，1977年。

ポリティカル・エコノミー：『資本論』から現代へ

2009年6月10日 初 版
2020年4月30日 第4刷

著　者　一井 昭
ブックデザイン　仁川範子
発行者　桜井 香
発行所　株式会社 桜井書店
　　　　東京都文京区本郷1丁目5-17　三洋ビル16
　　　　〒113-0033
　　　　電話 （03）5803-7353
　　　　Fax 　（03）5803-7356
　　　　http://www.sakurai-shoten.com/

印刷・製本　株式会社 三陽社

Ⓒ 2009 Akira Ichii

定価はカバー等に表示してあります。
本書の無断複写（コピー）は著作権法上
での例外を除き，禁じられています。
落丁本・乱丁本はお取り替えします。

ISBN978-4-921190-59-0　Printed in Japan

鶴田満彦著
グローバル資本主義と日本経済
2008年世界経済恐慌＝「100年に一度の危機」をどう視るか？
四六判・定価2400円＋税

安藤　実編著
富裕者課税論
消費税の増税に反対し，富裕者課税を提唱する
四六判・定価2600円＋税

三宅忠和著
産業組織論の形成
産業組織論における独占・規制・規制緩和論の展開
Ａ５判・定価3500円＋税

古野高根著
20世紀末バブルはなぜ起こったか
日本経済の教訓
元金融マンが書いたバブル論
Ａ５判・定価3500円＋税

森岡孝二編
格差社会の構造
グローバル資本主義の断層
〈格差社会〉と〈グローバル化〉をキーワードに現代経済を読み解く
四六判・定価2700円＋税

菊本義治ほか著
日本経済がわかる 経済学
新しいスタイルの経済学入門テキスト
Ａ５判・定価2800円＋税

長島誠一著
現代マルクス経済学
『資本論』の経済学の現代化に取り組んだ挑戦的試み
Ａ５判・定価3700円＋税

桜井書店
http://www.sakurai-shoten.com/